來自凡間的天使

——十個蛻變的故事

葉子菁 著

協製：明愛專上學院社會科學院

序一

最能令每人感同身受的，不一定是非凡的成就，而是如何從經歷中自強不息。謹此獻上十位學生茁壯成長的人生片段，沒有可歌可泣的場面，只是生命點滴的留痕。卻正是這真實的記錄，最能令我們體味人生。

麥建華博士 , BBS, JP
明愛專上學院及明愛白英奇專業學校校長

序二
「從一個人的車站」到
「愛的教育」

今秋我剛加入明愛專上學院，老師們將學生的成長奮鬥經歷，透過深入訪談，寫成動人的真實故事，結集成書，邀我寫序。這個榮譽，我受之有愧，但同事抱着莫大的誠意而來，也不好推辭。

看過同學的故事，令我想起 2016 年日本電視台報道「一個人的車站」的真實故事，日本北海道鐵路局為了幫高中女生原田華奈上學，暫緩關閉伐木區一個破舊的火車小站，直至女孩高中畢業為止。後來中國電視台派專人跟進這報道的真實性，發現某些細節有出入，但事情是千真萬確。攝影隊偶然發現另一感人的情節，就是從前是火車常客的丹羽范史老先生和他的太太，退休後沒再乘火車，卻每天都到火車站附近掃雪和清理，以便女孩可準時進入火車站乘車上學。

奮鬥成長是最美麗動人情節，也是人生最光輝的篇章。我們的同學從受助、自助到助人，用堅毅克服了無數困難，實現自己的理想，與弱勢社群攜手同行。這些故事是我們並肩為下一代「掃雪」，為每個孩子「停車」，送他們一程的動力來源，讓大家一起加油！

徐明心教授

明愛專上學院社會科學院院長

序三

本書付梓面世，欣逢社會科學學院（前身為社會科學系）創立十週年，可喜可賀。

字裏行間盡見學院導師誨人不倦的精神，以及同學鍥而不捨的求學態度。

我校社工課程展現了懾人的活力。學員迎難而上的韌力，固然令我留下深刻的印象；導師對學子無微不至的關愛，同學逆境自強、堅守信念的親身經歷，足以令我引以為榮。

書中輯錄了十個動人的師生故事，肯定了教育工作者化雨育苗的努力。他們以生命影響生命，互相學習，互相啟迪。令我倍感欣慰的是，看到個案中的校友能夠為自己的生命帶來改變，為自己的生命帶來影響。

我謹在此向學院全人，特別是朱博士，送上由衷的祝賀。過去十年，學院上下群策群力，取得輝煌成果；我期盼，未來的日子他們能夠繼往開來，再創佳績。

關清平教授
明愛專上學院及明愛白英奇專業學校校長（2006-2016）

作者序

你一定有聽過這種説法：「真正的問題，不是問題本身，而是你對問題的反應」等類似説話。

也就是説，不如意事發生了，但決定我們的感受，或最終結果的，不是事情本身，而是我們對事情的反應。

當然，道理人人會説，實行起來嘛……當種種不如意從天而降，我們可以不被負面情緒牽引，仍能踏着腳底沙石，昂首挺胸前進嗎？

書中的十名人士，他們都做到了。生活給予他們的考驗殊不簡單，他們當中，有會考只得三分的公開試落敗者、有一直受病魔困擾不停進出醫院的長期病患、有曾經吸毒販毒的未婚媽媽，有在香港社會邊緣掙扎的少數族裔……但無論面對怎樣的風吹雨打，他們仍然咬緊牙關，沒有放棄自己的前途與生命，他們跌倒，但又再爬起，他們選擇拚搏、選擇與命運之神作戰！把困難化作磨煉，只為成就自己的理想，生活既然沒有為他們應許一個玫瑰園，他們就自己動手建立一個！

他們的動力，來自哪裏？

其實，他們也不是超人，面對挑戰時，他們也同樣需要別人扶持、關心、鼓勵，才得以跨越荊棘，勇敢向前；而在生命的驚濤駭浪中，他們身畔，都曾有專業社工並肩同行，令他們在突破難關時，多了一份堅毅與力量。這份深刻感受，不期然令他們希望，有朝一日，自己也可以化身成別人的天使！

因而就有了這十個天使的動人故事。

筆者很感恩有機會訪問他們，訪談過程中，總令我感受到一道道閃耀着思想與理想的目光，我們的社會需要這份光芒：燃燒自己，照亮別人的生命，為北斗星的工作接班。

所以，當你的人生吹着逆風時，不妨想想他們，想想他們在污泥中的掙扎，祈望他們的故事，能夠給予你破風而行的啟示，幫助你仰望到生命的曙光。

葉子菁

目錄

第一章

來自凡間的天使

——十個蛻變的故事

從沉淪踏上社工之路

她，曾經吸毒、甚至販毒、曾經偷竊、曾經被判入教導所、曾經未婚產子⋯⋯

她，以往沒有學歷、沒有正當的事業、沒有可信賴的朋友、只有破裂的家庭關係⋯⋯

今日，她說「過往的詛咒，原是化妝的祝福」。三十出頭的她，當了註冊社工，現在，她一邊照顧以往只知打罵她的父親，一邊呵護着出生時只有兩磅但今天健康活潑的兒子。

過去，她以毒品來療治自己的心靈傷口，卻越療越傷；今天，她自己的傷口不但已經癒合了，面對別人的傷口，她更懂得怎樣助人減少那份痛楚。

深切痛過的人不少，能站起來的人不多。只要有決心，誰說不可能？

Have a nice day
釋懷以後你會發現，過去的那些舊傷，如今都讓你格外堅強。

＊　　＊　　＊

惠螢（假名）雖是家中孻女，但小時一直沒有得到父母的偏愛。

一家人住在唐樓，家中放了張大大的裁床，家，也是工場。父親就在家中裁衣，母親就拿着衣衫去當小販。母親早出晚歸，而由早做到晚在不停工作的父親，脾氣十分暴躁，對子女動輒打罵。

這個家，不愁衣食，卻缺少溫暖。

在這樣的環境下長大的惠螢，學會了抽煙、飲酒，還吸毒。就如許多吸毒者的故事一樣，惠螢眼見朋友們都吸毒，自己也以為試一點點不是問題，於是，她開始了吸毒的不歸路。

「吸毒時像進入了安眠狀態，只想睡覺，不用再想生活中種種不如意。」惠螢與朋友們，一起吸食白粉，嘻嘻哈哈玩在一堆，眼前的歡笑可以麻醉內心的痛楚。

為了有更多錢購買毒品，15歲的她盜取他人支票與身份證，最終被判入教導所。

兩年後，她從教導所出來，與家人的關係更差，父母無法接受女兒學壞，看到她只覺氣憤。

• ● 難投社會　重新吸毒 ● •

曾經迷路的惠螢希望重新開始自己的人生，她想與以往的同學重新聯繫，卻發覺同學們不是仍在唸書，便已到外地升學，只有她一個人要出來社會工作。自卑的惠螢既怨恨自己、又孤單無助，終於又回到吸毒的路上去。

她認識了賣毒品給她的「拆家」，當時，只是很單純地感覺「跟他在一起便有免費毒品」，索性與對方同居起來。她協助帶毒，又與男友一起吸毒，成為一對雌雄小拆家。

五年後，由於吸毒令惠螢沒有經期，她完全不知道自己已懷孕，直至感覺到肚內的嬰兒踢她，往醫生處檢查，才知已懷孕五個月！

當時她的子宮已開至三度，醫生連忙用線幫她把子宮頸縫上，以防她早產。

但一個月後，她的兒子還是出生了，只有六個月大的小嬰孩，只重兩磅，如拳頭般大，必須放入深切治療部。

那時的惠螢，對兒子沒有特別感受，她吸毒已吸到天昏地暗，既吃白粉，又吃冰。她還有了產後抑鬱，生出了幻覺，不時聽到古靈精怪的聲音。

慢慢地，惠螢的精神狀態也開始出現問題，她會無端端在

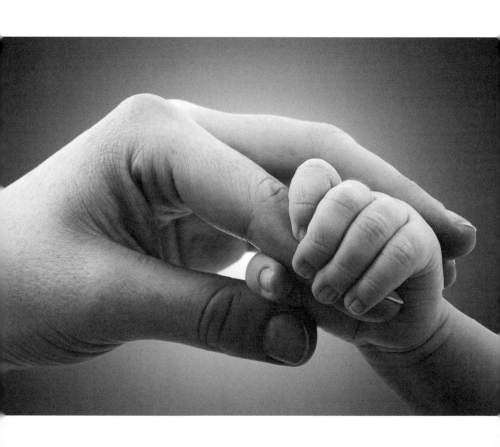

家中搗亂，有時又覺得對面馬路有人監視她，或街上有人追蹤她，她知道「high 大咗」，但無奈癮頭太深，她已無法與毒品說再見。

「那時覺得累，便去食『冰』，食完後較為精神；但當我不想清醒時，就去吃白粉……」她的日子，就在清醒——迷糊——清醒——迷糊的狀況中不斷交替，生活混亂不堪。

只有毒品的生活，令惠螢一天到晚都躲在家，走在街上也誠惶誠恐，怕被人逮捕，錢花完了，就厚着臉皮，回家問父母。

「當時感覺，做人很悶很悶。」沒有出路的人生，怎會不悶？

終於，為了錢，她又再犯案被捕，被判入獄半年。

● ● 母親得病　當頭棒喝 ● ●

入獄前，惠螢得悉母親患了腸癌，她的心恍如被重重地敲了一錘！她才驟然驚覺，母親餘下的日子不多了，惠螢十分內疚，自責從沒好好照顧母親。

惠螢在獄中接觸到教會，她說，教會接受了她這個自覺一向得不到社會接納的人。

母親的病成為惠螢站起來的最重要動力。患着末期癌病又有抑鬱症的媽媽，還常常找機會把私己錢積攢起來，口裏縱然一邊罵她，手裏卻又一點一點錢地塞給她。

出獄後，惠螢下決心接受福音戒毒。每星期，媽媽撐着病到戒毒村探她，又與她一起參與教會活動。每星期的這一天，就是惠螢最期待的日子，兩母女會一起喝喝下午茶、聊聊天。這段時間，恐怕是她一生以來，跟媽媽最甜蜜的日子。

即使媽媽有時躁鬱症發作，指着惠螢來大罵，惠螢非但沒有氣，只是心裏暗痛。多年來，她自覺給母親帶來不少傷害，但母親從沒有放棄她。今天，看着母親受情緒病煎熬，她卻愛莫能助，唯一的盼望，是辛勞一生的母親，能開開心心走完人生最後一段路。

「母親的一生已夠傷心，我不想她再帶着包袱和遺憾離開……」說到母親，惠螢的淚止不住的流……她自責對母親只有無盡的虧欠。

母親終於在 2008 年 8 月 8 日北京奧運開幕那天離世。惠螢自嘲，上天對她不薄，因為她一向記性不好，但母親在這麼一個特別的日子離開她，她一生都不會忘記。

翌年，惠螢長兄在廣州酒後駕駛身亡。接二連三的衝擊，

令惠螢驚覺更應把握有限的人生，去做有意義的事。她的前半生已經浪擲了，後半生，她再也浪費不起。

● ● 社工啟發　反思人生 ● ●

在福音戒毒中，她認識了一位退休社工，雖然曾在 30 歲成了階下囚，但憑着堅強的意志，扭轉了自己的人生，他完成了社工系碩士課程，以自身經驗幫助身邊的人。惠螢從中得到啟發，也希望自己顛簸的人生經驗，能夠成為日後助人的借鏡。

她一邊在社福機構擔任義工，負責文職工作及關心在囚及更生人士，同時在夜校進修。後來，她報讀了明愛的社工副學士課程，正式開始踏上專業的助人之路。

在學期間，時間控制對她來說是一大考驗，班內年紀最大的她，也是班上唯一的媽媽，有時因忙着送兒子上學反令自己上學遲到。在兒子放假的日子，她亦只好帶着兒子一起上課。

三年課程完成後，惠螢自覺最大的收穫，是改變了對自己的看法。以往的個人經歷，令她難免對自己的人生充滿挫敗感。

「社會是會將人標籤的，會為人打上烙印，人如果不

反思，便只會跟隨着社會的目光，感覺自己是一個『沒用的人』。」

在學院中，她的成績雖然差強人意，但她終於學懂了不與人比較、學懂對自己要有實際與合理的要求、學懂與同學分享感受，學懂對自己少自責、少批判！

「我亦明白了原生家庭對個人的影響。好像我自己的家，長兄嗜賭，二哥與四哥都是不懂與人溝通及表達情感的，我的姐姐也有抑鬱，我們的家庭事實上很不健康……沒有辦法，父母只知給予溫飽，即使對兒女關心，也不懂得如何表達。」

她還記得十多歲時，父親無法面對惠螢學壞的事實，感覺丟盡顏面，曾經對她說：「我不想再被你傷害，我不再愛你了！」那時惠螢只覺父親在找藉口離棄她。「你不愛我便不愛我，用得着說那麼多嗎？」這是當時惠螢的心聲。

● ● 觸摸嚴父心靈傷口 ● ●

但唸了社工課程的惠螢，懂得以全然不同的方式與父親相處，她會主動理解與關心父親的過去。父親勞碌大半生，惠螢便會賣口乖，稱讚父親的身體比同年的鄰居還要好，又讚他「有型」，來逗他歡喜。每日，她無論多忙，也會抽點時間和

父親聊聊天。

「原來，他的心靈也一樣有傷口。他是獨子，因此自小也不懂得與人溝通，他小時在國內曾被批鬥，被人綁在樹上！這些不快經歷難免為他造成傷口，來到香港，便只知埋頭工作，以求令家人溫飽。想不到又因炒股票輸掉所有積蓄，令他痛哭又自責！我從小至大，只看到他對兒女們的不是，這幾年與他聊天，方知悉他的內心世界。我會像安慰一個受傷害的小朋友般安慰他：原來你年紀小小就被人痛打！」

惠螢也很努力地希望維繫家人關係。當父親埋怨兄長種種不是時，惠螢會反問父親：「難道他真是一點好處也沒有？他也有供養父母，媽媽有病時也有帶她看醫生呢！」

「如果只是互相指責，家人的關係只會更差、仇恨只會更多，不如多用關心的態度，來建立更接近的關係。」惠螢説。

至於惠螢自己的家，她也有應付的方法。她早已離開當日的同居男友，現在帶着兒子與父親一起生活，但「單親家庭」在社會上也是一個標籤，當兒子有時因自己沒有爸爸而鬧情緒時，惠螢會跟兒子解釋，家庭最重要的是有愛、有關心，那才會有歡樂，即使有爸爸，但如果整天打罵，也不是一個快樂的家。

她自感工作很忙，沒有很多時間與兒子溫習，因此不會強

求兒子把課本全部溫習好。如果她偶爾向兒子發了脾氣，身為媽媽的她也會道歉，因此母子關係一直維持在親密的軌道上。

惠螢的成長充滿傷痛，但母親的關愛打動她，成為她有力的支柱。她終於站起來了，也更努力地去愛身邊的人，她走過不少崎嶇的路，猶幸沒有被打倒。社工課程令她從自己的家庭關係開始努力經營，而現在已成為社工的她，用她的話說，也就是一個「助人自助者」，而她自己的奮鬥故事，也正是自助成功的最佳寫照。

導師回應

3L
— the Lost，the Least，the Last

經我面試而給予推薦入讀社工課程的，多不是因為公開試成績優良而考慮，而是因為我感覺到他們有一顆對人熱誠的心。這也可能是我自己的心魔，因為我也是公開試成績差劣，而要加倍付出的過來人！在《哈利波特》小說中的霍格華茲魔法學校校長鄧不利多教授，他那隻火鳳凰不單只可以浴火重生，牠的眼淚更是療傷的靈藥。我認識的惠螢，正是這樣的一隻「不死鳥」！

活在當下，展望將來！

她，沒有過去；但活在當下，展望將來！相信年少時的惠螢，不曾想過今天會是一個有能力為草根階層家庭提供服務

的專業社工。我是一個沒有宗教信仰的人，但不得不讚嘆神對她的帶領！因着這份對宗教的奉獻，惠螢不單只寬恕了自己，更包容了曾對她不好的人。這些都是作為一個社工應該具備的特質。曾聽過不少在成長過程中有不愉快經歷的同學説；「希望以過來人的身份來認識服務對象，發揮生命影響生命的力量」。可惜的是他們原來對自己並不認識，過去的經歷仍然在深心處纏擾；當對方的經歷勾起了自己的不安時，便出現心魔倒現的情況，反過來被對方影響。惠螢的寬恕和包容，令她能夠以一個新的身份來閱覽世情。

宗教信仰 • 個人信念

還記得在實習完結後，她向我表達困擾。因為教會曾説過會讓她畢業後在教會工作，但承諾未有兌現！她擔心自己的經濟之餘，也對信奉多年的宗教有所動搖。從傾談間，大家開始領略信仰是個人修為，個別教友的行為並不能夠反映他們的宗教信念。這令我想起一句經文：「不要叫人小看你年輕，應要在信心、言語和行為上，作一個信徒的榜樣。」聖經不斷提醒我們以身行善，因為神知道不是每個教友都能夠從心來展現基督的愛。但憑藉寬恕和包容，惠螢仍然繼續她在教會的侍奉，也在工作上展現出心和力，得到上司和同事的欣賞。當然，最重要的動力是來自服務對象的重視和讚賞。

知己知彼 • 由心出發

　　話說回來，在開學初期，惠螢已經引起我的注意。因為她是一個喜歡戴帽子和多是在上課鐘響後才出現的學生。她給我的印象是一個隨心而行的人。她追求她想探索的知識，對分數不着緊。對個別老師來說，她可能是一個令老師頭痛的學生，因為唯一能夠「恐嚇」學生改善表現的武器——「分數」，已變得沒有威力。對我這個另類老師來說，我是欣賞多於頭痛！因為高等教育應該是一個鼓勵學習動機的地方。同學如果能夠找到他有興趣學習的方向，會朝着它努力。知識無涯而生命有盡，總不能要求自己博天下之學！正如庖丁解牛所說：「學海無涯而人生有涯，殆矣！」期望着一個全新的惠螢能夠在順其自然的心境下帶領着自己不斷向前！

（導師：鄧志榮）

「好好彩」的長期病患

她 入讀明愛專上學院的社工副學士課程時，是全班最年長的，當時她已經 31 歲了！

她並非因年少貪玩，以致荒廢光陰，事實上，她的少年與青年時光，都在病榻中度過！她小小年紀已經試過因病厭世自殺，她的病歷史創造了香港的一項紀錄。她花了七年時間才由中二唸至中五，二十多歲時又再花了七年進出醫院——人生，有幾多個七年？

但她在訪問中說得最多的一句話竟然是：「我成日覺得自己好好彩！」

「如果今天訪問我提供的資料不夠，你可以上 Google 打我的名字，你會找到更多資料！」

她的名字，叫廖愷婷。

● ● ● 十二歲患上罕見病 ● ● ●

在網上可以找到她的名字，因為她在 12 歲時患上罕有的幼年突發關節炎，更是全港第一個因風濕病而接受高風險自體骨髓移植手術的成年病人！手術成功，她化身成香港風濕病基金會的大使，以自己的復元經驗去勉勵其他病友。四年前，她更投身社工行列，立志日後從事病人康復治療的工作。

「風濕病」是一個統稱，包括類風濕關節炎、強直性脊椎炎、牛皮癬性關節炎、系統性紅斑狼瘡等，是一種自身免疫系統失衡而引致的過度免疫反應，包括製造過量抗體攻擊自己體內的器官或關節。

廖愷婷早在 12 歲便開始與病魔打交道，她發燒個多月仍不退燒，確診患上一種名為 Still Disease 的罕有幼年突發性關節炎。

她被逼休學，吃類固醇抗病，副作用是變得水腫，全身發脹，臉龐像個「包包」。上街時，被人當作怪物，途人看到她便「離遠彈開」。她因害怕別人的目光而不再上街了，生活除了往醫院，便呆在家中，最愛的游水打球已與她無緣。她形容自己由「活潑好動、停一秒都嫌多」的人，變得內向、羞怯及孤獨。

十來歲的孩子，面對自己肥腫難分的容貌、別人的訕笑、身體的惡疾、家中的四幅牆……一個早上，她越想越難受，一時情緒激動，竟爬出窗外跳樓！猶幸媽媽死抱住她不放。醫院翌日馬上為她安排了心理醫生，輔導後，她的情緒才穩定下來。但日子仍然充滿挑戰。她雖在中二回復上課，可惜學習進度已落後於人。而類風濕病人都有種「晨僵」症狀，每天早上起床時因全身關節經久不動而變得僵硬，到下午才回復正常，但不一定每位老師都體諒她的苦處，她上學的心情因此大受影響。期間，她還受到腦膜炎、腦水腫、肺癆菌等襲擊，終於，她斷斷續續地唸了七年才中五畢業，那時她已經 19 歲了！

畢業後她的關節炎漸漸受控，可以停藥，臉龐也瘦下來。會考成績不理想，她便到職業訓練局唸酒店課程，後來更找到酒店接待員的工作，開心過了一年。

可惜好景不常，熟悉的關節痛又出現，還發燒，醫生安排她入院檢查，結果是：伴她成長的風濕病又回來了！

「我唯有接受，自怨自艾也沒有用！」

她在醫院住了個多月，任職的酒店常打電話來「問候」她，她明白電話背後的原意，也知道無法耽誤人家的工作，加上吃藥後又變回「包包面」，唯有主動辭職。

● ● 切下盤骨，放入頸椎 ● ●

但今次的發病更兇狠，她的頸項更越來越痛，原來是頸椎退化，醫生要從她的盤骨鋸下一片小骨，安裝在頸項上，再加兩顆螺絲固定位置。

「我又唔覺得很慘，既然有方法醫，當然要醫，總好過告訴你，連醫治的方法也沒有吧！」廖愷婷說來語氣平淡。

那是 2003 年，本來一星期前已預定手術日期，偏遇上沙士爆發，醫院內風聲鶴唳，醫生問廖愷婷，是否願意留院做手術？

「人都已經入來了，唔做？咪玩啦！」廖愷婷想也不想便答。手術才做完一星期，醫院因沙士而被關閉，廖愷婷也逼得出院。

可惜，頸稚固定後，關節炎再次發作，這次除了一般關節，連手指關節都全部腫起，筷子拿不動，換衣服、洗澡等，都要假手於人。她服政府醫院的藥物已經無效，要自己付錢買較昂貴的藥物，雖然起初半年情況有改善，但繼續服用下去藥效又再失靈。

2007 年，她的情況惡化得要用手杖行路，身體痛至無法下床，可以做的手術做過，可以試的藥物試過，終於，醫生提

議她一種高風險手術——自身骨髓移植，那是血癌病人才會做的手術，但沒法，這是最後一着了，要活下去，廖愷婷沒有其他選擇！

● ● 極高風險的自身骨髓移植 ● ●

「如果手術成功，我還有好長的人生路，萬一失敗，最大風險便是併發症，死在病床上！我還是那句：有得醫，當然要醫！否則，情況越來越差，老實説，活下去也沒有意思吧！跟死亡又有甚麼分別？其實我也不再想成功又如何、失敗又如何，總之能做甚麼便做甚麼，無謂想太多了！」

自身骨髓移植，是先把她的骨髓抽出，分隔出其中的良好細胞，然後把化療藥打進體內，把所有細胞殺掉後，再把良好細胞注射回體內，等同把體內細胞更換一次，讓生命得到重生。這個方法以往只用於血癌病人身上，由於廖愷婷並非血癌，她還得自費買儀器、化療藥、止嘔藥等。

其實，這也是兵行險着，她是全港第一位成年風濕病人接受注射化療手術去改善病情，手術前一晚，廖愷婷忽又越想越害怕，哭着打電話給醫生，醫生惟有坦白告訴她，這是全港首次，因此也難以肯定她的身體會有甚麼反應，但無論發生甚麼，會與她一起面對！

做手術前，連醫科學生也「組團」來探訪她，問她是否害怕？她深吸一口氣答道：「反正我已肉隨砧板上！」大家都被她逗笑，誰想到，她前一晚才抹乾眼淚呢！

她打足一星期化療針，還要留在隔離病房內接受觀察，心情一定惶恐又苦悶吧？

「其實我感覺就像度假！」她笑說病房內有齊影碟機、電腦、音響等，只要打個電話，所需物資都會為她提供。

手術後，她的心情才放鬆了幾天，一天早上，清潔阿嬸進來換床單，忽然鄭重地跟她說：「廖愷婷，你開始掉頭髮了！」

她跑進洗手間對鏡一撥，一大把頭髮果然便隨手脫出來，那一刻，內心真的怵然一震！由於她身體正十分虛弱，因此病房內得保持乾淨，以免受感染，她馬上想：「剃頭吧！反正遲早都會掉光！」其實她早已有備而戰，買下許多不同款色的頭巾。把頭髮剃掉後，她每天便包裹着不同的頭巾見人。

「我看過一部紀錄片，有位女士撞車後全身癱瘓，但她沒有視自己為廢人，每天外出時仍然花心思打扮，令我感覺，即使是病人，也可以把自己裝扮得好看一點。」

面對生命的難關，她一樣可以採用多姿多彩的方法應付。

不久後，她終於可以握實拳頭了，可以轉動身體了！這些

本來對一般人來說平常不過的事、以往對她來說卻是高難度的動作，她如今一一做到了，她的復元終於在望！

● ● 立志從事康復治療 ● ●

大半年後，她可以自由走動，她被風濕病基金會選中擔任大使，接受傳媒訪問，以過來人身份去勉勵病患者。為了更有效地幫助病友，她還向社區書院報讀了心理學，她的人生逐漸穩定下來了，她想到自己的前途，決定選擇一份能夠幫助病人作康復治療的工作，於是報讀明愛專上學院提供的社工副學士課程。

在明愛唸書的日子，廖愷婷用「好開心」來形容，她說，想不到師生間可以如此打成一片，跟老師就像朋友一樣，可以直呼其名，可以叫花名，去露營時，還可以一起跳落水池把老師弄得一身濕，「沒有想過跟老師可以這般好玩！」

除了好玩，廖愷婷亦深刻感受到老師們對學生的關注。導師們常常為指導學生的功課，很晚才離開學校。有時師生在校內一起叫宵夜吃，感覺真的像朋友，在為同一份理想而奮鬥。

廖愷婷自 22 歲關節炎復發，整整七年間，她沒有上班沒有上學，只是忙着治病，許多時一個月裏有半個月躺在醫院，

如今重返校園，發覺做社工原來有這麼多技巧要學，有這麼多理論要記，她越唸越驚，加上感覺自己在班中年紀最長，更不想浪費時間，所以壓力不小！

她記得與其中一名導師傾訴過內心困擾後，翌日下課，班主任即特意喚她留下來，再與她深談，安撫她的情緒。

「她叫我的名字時，我嚇了一跳，真的沒有想過！老師們不但關心學生的學習，還關心學生的情緒。」

廖愷婷有感父母已經為她擔心了十多年，因此求學時的煩惱不想再在父母前提起，猶幸有明愛的師長們與她並肩作戰。原來她在明愛唸書的日子，因壓力而身上常出風疹，反而她病了這麼多年，卻沒有出過一次風疹呢！

廖愷婷坦承，病的雖然是她的身體，但箇中多少壓力，幸有她的媽媽與她一起去扛。母親沒有工作，她躺在醫院時，母親陪她做手工、摺紙、紙黏土等，一直不離不棄照顧她。所以她現在跟母親的關係特別密切，雖然已搬出來自住，但上班也要找一處近母親的，方便她常常回家探望母親。而她的病，也把她與爸爸的心聯繫在一起。

「小時候爸爸的工作早出晚歸，我睡覺他才回來，我醒來他又上班，很少見面。但我病了後，他常來醫院探我，大家多了交談，關係比以前親密了！」

• • 用感恩代替埋怨 • •

　　別人看她被病魔折磨，但她總是看生命給她的關顧。除了父母的支持外，親戚也為她出一分力。母親忙於照顧她而疏忽了妹妹，親戚便幫忙假日帶妹妹去玩。她小時自殺為她做輔導的心理專家，於今已榮升教授，仍與她保持聯絡，在她情緒低落的日子，看她的電郵不對勁，便會召她去面談。又例如她剛剛手術復元時，風濕病基金會除安排她任大使，還讓她在會內兼職，她的生活站穩腳，正想重返校園，又找到入學的機會。她點點滴滴地訴説着這些際遇，沒有埋怨，只有感恩，口裏總是在説「好好彩」，頑強的，除了她的生命，還有鬥志。

　　「出入醫院多，見其他病人也多，發覺許多人比我更慘，有些更從來沒有人探望，可憐得多了⋯⋯總之，六合彩又唔見我中！但我已接受自己有這個病，萬一它再回來探我，我會再與它握握手，做朋友！」病的是軀體，她的心理倒

比許多人還健康！

　　現在她每星期仍需要吃穩定病情的藥物，及定期覆診。體能上，她不能過於勞累，因此外展等工作便不適合她。她現在於綜合家居照顧服務隊擔任社工，坐在辦公室中接收長者個案、接聽電話為長者解決問題、處理文件，及為同事編更表等，以行政工作為主。但即使轉動身體拿文件，她也要特別小心，以免弄傷頸椎。而醫生仍會不時為她監察着身體的發炎指數，一些劇烈運動如打球甚至玩機動遊戲等，更從此與她絕緣。

　　「最不開心的日子，只是很短暫，現在看來也不覺甚麼。常常想，許多人的遭遇比我還慘！我真的覺得自己其實『冇乜嘢』！」

　　是她倔強的性格，造就了她抗病的意志，還是她的抗病經歷，造就了她的堅強性格呢？

導師回應

廖愷婷
——最美麗的病人

　　作為愷婷的自我成長小組導師,她讓我最深刻印象的是這句她分享的話:「醫生護士都說我是全病房裏最美麗的病人。」剛進明愛的第一個學期,在自我成長小組的生命線分享中,聽到愷婷說她的故事時,大家都屏氣凝神,聽着她把那出生入死的生命一頁一頁地掀開,我們的心都凝住了,圍着她,就像圍着一粒茁壯重生的種子,誰會想到這笑容可掬,身體略胖的同學,曾經在死亡的邊緣徘徊,誰會想到她的病是如此難以治療,帶給她如此沉重的困苦?

　　然而,在社工培訓的路上,我們看到的是一位堅毅不屈,樂觀可愛的生命,她不會因為疾病而退縮,反而更積極參加活動,她隨着我們一起去四川,撐着枴杖也要去看四川地震重建的社區工作,為的是要多看生命及社區如何可以在跌倒後,再爬起來,也要戰勝自己的病患的限制,在努力求學書本知識

外，也要盡量多作課外活動的探索及學習。她在社工實習中，也認真勤奮，得到導師及中心主任的讚賞。她與疾病同行，但她一直都在勇往直前，並得到一群好同學朋友的支持，良好的人際關係，使她在困難中，可以得到力量向前邁步。當然她也有低谷失落的時刻，但她的堅毅及真誠，還有她樂於與人分享的性格，使她得到老師、醫生及心理學家的無限支持及鼓勵，明眸皓齒的她，不但外表美麗，內心充滿的生命力量和智慧，也使她更美麗！

人生不如意事十常八九，愷婷有的是身體的病，其他人有的也許是心理的病，面對人生的苦難，我們人人都有可能成為「病人」，但無論如何，我們都可以向愷婷學習，堅毅不屈，樂觀積極，並廣結良朋，成為最美麗也最健康的「病人」！

(導師：吳海雅)

會考三分的天空

「**收**到成績那一刻,我勁喊!怎麼可能只得 3 分?起初以為,10 分也總會有吧!」

25 歲的思玲蓄着長髮,說話嬌柔,帶點小女孩的活潑,外貌只像個初出茅廬的大學畢業生,但其實,她已是一名在老人院舍服務的註冊社工。

這中間的路,她是怎麼走過來的呢?

思玲的學習成績一向不錯,小學時還考得前三名。只可惜會考馬失前蹄,不過,一失足真的不必成千古恨,外表嬌柔其實內心硬朗的她,拒絕讓那 3 分去決定她日後的命運。

小時夢想成為社工

小學二年級，思玲已夢想成為社工。她在國內出生，六歲來港，作為新移民的她，深切感受到社工為她的生命帶來的改變。那位社工既關心她能否適應香港社會，又給她安排補習，令她本來落後的成績，有了進步，面對新環境的壓力，也得到舒緩，這讓思玲小小的心靈夢想着，長大後也要成為別人的天使。

她一早已有部署，中四時，得知明愛開辦社工課程，於是預先報考，還參加了面試，一心等待會考成績公佈後便正式報讀，誰知⋯⋯

公開試的打擊雖如一盆冷水照頭淋，但思玲立志做社工的熱望，並未因此冷卻。碰巧當時明愛正提供唯一一次的「基礎文憑」（foundation diploma）課程，讓會考不合格的人士報讀，思玲知道機不可失，連忙抓緊機會，最終，她獲得取錄，跨開向理想邁進的第一步！

但真正的考驗，才剛剛開始。

根據編制，完成一年的「基礎文憑」後，需考試合格才可升讀「基礎年」（foundation year），「基礎年」考試合格，才可升讀兩年制的「副學士」。換而言之，前後四年，才能成為「文憑社工」，比別人需多花兩年。

路縱然長了，到底仍是難得機會，思玲甘願咬緊牙關面對。為免父母為額外的金錢費心，她一邊唸書一邊工作。

「誰叫自己要多讀兩年？父母已經幫我交學費，生活費還是應該靠自己！我知道過程不易捱，唯有當作是磨練吧！」

● ● 披星戴月 不辭勞苦 ● ●

於是，她日間在明愛的堅道校舍上課，5時下課後，便飛奔到灣仔會展或附近的酒店去當侍應或接待，匆匆吃飯便開始工作，直至半夜才披星戴月回家。

有時，甚至凌晨兩、三點才下班，回到天水圍的家已經是四、五點。天邊泛起魚肚白的顏色，有些人正要開始新的一天了，對思玲來說，漫長的一日，才剛完結。

「所以有時唯有選修下午的課，及考試期間暫停工作。雖然這樣奔波，連睡覺的時間也不夠，但這四年來走堂的次數，總計也不超過五次呢！」思玲自豪的說着。

眼前嬌滴滴的少女，其實有着鋼鐵般的意志。許多時她只睡兩、三小時便撐起惺忪睡眼上學，又或深夜回家以後，還得打起精神做功課。恃的是年輕的身體，憑的是不屈的堅持，還有「狂飲咖啡」來與睡魔作戰。

當飲咖啡飲到胃痛的時候，當疲累得快要倒下的時候，難道她沒有一絲一毫想過放棄？

「從來也沒有！也沒有後悔我的選擇！」思玲說得斬釘截鐵。「做社工是夢想，如何辛苦也值得。我也不知當年是如何挺過來的！或許內心明白這是唯一的機會，不把握就沒有了！沒有試過，也不知自己原來這麼『捱得』呢！」

「捱得」的思玲終於順利完成了四年課程。對她來說，除了得到一份認可的資歷，還對家庭關係帶來很大幫助。

● ● 父女關係　得以改善 ● ●

作為建築判頭的父親是家中嚴父，她年幼時，父親要她依着時間表做功課，下班回來發現她沒有溫習，便會出言責罵，令思玲感覺透不過氣，中一時更試過離家出走。父女間的關係很疏離，她內心常常渴望得到父親讚賞，但卻好像永遠未能令他滿意。

「讀了社工課程後，我明白父親即使口中在說晦氣話，其實內心不一定這樣想。我開始主動接近他，嘗試了解他多一點，才發覺他的成長充滿艱辛，因此極度希望我們學有所成，以便生活過得舒適一些。他的用心，其實是不想我們捱苦而已。」

思玲由不滿父親，到開始細思他行動的背後原因，她學到重要的一課是：「每人內心深處，都渴望得到別人的疼愛、理解。」於是，她開始充任家事調解員。面對父親不滿弟弟打機，她會提議父親先關注一下弟弟的需要；面對父親連媽媽也要管，發現父親原來是怕身為家庭主婦的母親過於辛勞，於是勸父親也要讓母親「透透氣」。

嚴父也有溫情的一面，思玲會考成績未如理想，父親明白她已盡力，反而一直沒有怪責她。而她終於成為社工，父親撇下工作也來參加她的畢業禮，還充滿驕傲地四處跟同事說：「我的女兒是社工！」

思玲現於一家老人院舍服務，以為初出茅廬的她，擔任老人院社工，一定很不耐煩吧？但原來，服務「老友記」是她自小的願望。

「小時候，爺爺與婆婆都很疼愛我，可惜我當時年紀小，因覺婆婆生活習慣不衛生，還想把她趕走！其實現時許多長者的生活很坎坷，乏人關愛，我希望能為他們做點事。」

她畢業時寄了二十多封求職信，才終於如願以償，找到老人院舍的工作。現時她負責接收個案、輔導、處理投訴、主持小組、申請綜援、解決長者的適應問題等。

她不諱言，許多家屬看見她的第一個反應是：「你是社工？你介意告訴我你的年紀嗎？」

● ● 服務長者　首重「明白」 ● ●

不過，思玲自有她與長者們的相處方式，她認為最重要的，還是「明白」二字。

「要『明白』長者身體機能不斷退化，是自然定律，長者自己亦不想變成這樣，他們的內心，也是充滿無奈的。」

「也有長者向我抱怨，子女把他們丟在老人院舍，又不常來探望。我也會勸長者要多『明白』子女的處境，到底院舍內有專業的照顧，而且收費不廉宜，所以子女們說到底都是很疼愛他的。」思玲語調中卻展現一份同齡青年中所缺乏的成熟。

「未讀社工前，也不明白老人家的許多特性，例如怎麼這麼囉嗦，現在明白了，其實只因為一直沒有人聽他們說話。」

不過思玲亦坦言，真正當了社工後，亦發覺能夠做的其實也很有限。

「不要把社工想得太偉大，其實我們也只是人。有時候，家屬會覺得社工一定能協助解決問題，其實我們也有限制，例

如人手不足。」

起初思玲也以為，做社工只是做輔導工作，但其實日常事務也有不少，甚至寫計劃書去申請基金，也得由她負責。

● ● 課程一大收穫　遇上人生軍師 ● ●

猶幸她有一位多年來一直支持她的軍師，那是她四年前的班主任 Rigo。思玲初出茅廬時，遇上人事問題，哭着致電軍師說要辭職，猶幸 Rigo 也是社工，明白思玲感受之餘，也懂得用有效的方法開解她，令她打消了一時衝動的念頭。

「這兩年來，也有定期約 Rigo 吃飯，找他幫我分析問題，他可說是看着我成長呢！明愛的師生關係，不只是知識傳授那麼簡單。」

Rigo 笑說，六年來，看着思玲在情緒控制上已有進步。「那次以後，也沒有再『喊住打來』了！」

原來現在思玲找 Rigo，是「打電話，問功課」，她現時正在城大唸社會科學的學位課程，希望自己正式成為學位社工（註：思玲在明愛畢業時只取得副學士資歷，故職級上只屬文憑社工）。

有這樣一位能指點人生、事業與學業的「三合一導師」，

可説是思玲在明愛唸書的一大收穫。原來 Rigo 與一些畢業後十年的學生，仍時有聯絡，繼續輔助他們成長。

「某些學術根底較弱的同學，總是感覺自己比別人差勁！即使已畢業數年，仍然從負面角度看自己。我會讓同學們從自己的起步點來看自己，其實他們已有很大進步，他們要懂得自我欣賞。」

他以思玲為例，認為年輕人實在不需要以一次考試的成敗去評斷自己，或以為人生從此沒有希望。

「即使不能順利升讀大學，也可以多花數年先裝備好自己。年輕人不用急於計較，畢業後要賺多少人工。趁年輕多吸收知識，在人生旅途上，其實更有利。」

思玲也同意：「千萬不要以為會考失敗，人生便從此沒有希望！我收到會考成績那一刻，也沒有想到，自己真有成為社工的一天！我覺得最重要是保持積極的態度，堅持理想不放棄，找出方法去達成它，可能走的路會遙遠一些，過程可能也會很艱辛，但只要努力付出，終會成功！否則，如果自己也不幫助自己，誰又可以幫助你呢？」

一時挫敗不等同永遠失敗，憑個人的意志與努力，仍可以創造自己的命運。思玲的說話，套用於人生的每一場考驗，實在值得借鏡。

導師回應

甚麼是活得精彩？

在公開試的制度下，不少年輕人因成績欠佳而放棄了理想，甚至認定自己不會有將來；但他們不懂如果「將來」是唾手可得，人生只會是平平無奇的一個歷程，不會活得精彩！放在眾多的年輕人當中，思玲只是一個平凡的鄰家女孩。她沒有令人驚訝的家庭背景，也沒有曲折感人的成長故事，但，她有夢想！

平凡才是我們的境界

從入學、畢業至工作，思玲的夢想並不虛無，因為她懂得運用從生活和工作中所獲得的體驗，來調校自己的目標，不會迂腐地盲從。還記得她在選擇工作時曾問我是否適合，當時我並不支持，因為工作的要求是高於一個初出道畢業生的能力。最後她還是選擇了這份工作。儘管在初期她總是哭着訴說工作上的苦況，但今天仍然堅守着崗位，證明她是有能力勝任的！

兩年後的今日，思玲在處理工作困難上的能力明顯提升了，她不再只是懊惱地問「點解啲人會咁？」她開始提出自己的觀點和想運用的方法。從她身上我看到只要給自己機會，困難會變成過去式。思玲的進步，在於她有目標和主動！看着今天的她令我不無慚愧，因為沒有她的主動，我只會是一個站在講台上

授課的老師，不會為學生解惑！知識的承傳，畢竟是需要經得起實踐！

　　正如開首時所説，思玲只是一個鄰家女孩：平凡、不起眼。有時候，我們過於找尋一些與眾不同的故事。主角的經歷雖然激動人心，令讀者對他產生無限敬佩；但當激情過後，會以他為目標嗎？不會，因為「我和他有太多不同處」。比較之下，我們會容易羨慕那些與我們背景不同，但成就卓越的人；反而嫉妒那些與我們背景相同，但成就比我們好的人！我希望思玲的故事能夠為香港的青少年提供一個熟悉的範本：挫敗和成功只是人生連續線上的兩端，我們只是不停地在這條生命線上徘徘徊徊。只要我們熱愛生命，哪用管靠近哪端！「眾裏尋她千百度，驀然回首，那人卻在，燈火闌珊處。」在尋覓的過程中，我們往往會遍尋不獲。因為我們的視線都集中在最突出的特徵上；但原來最平凡的，卻是我們至珍貴的！

你知道你是誰嗎？

　　莊子説過這樣的一個故事：有天，他的弟子在訪友途中遇到一些人在伐木。山上的樹木幾近被砍光了，但當中一棵卻沒有被砍掉。弟子好奇地問原因：「因為它的形態太古怪，不能用。」弟子們其後探訪另一朋友時，朋友非常好客並吩咐僕人

宰了一隻不會發聲的鵝來作菜，因為主人覺得牠沒有看守門戶的功能。弟子滿腹狐疑地問莊子「究竟沒有用的是該殺？還是可以留在世上？」莊子簡單地回應說「應有用時，有用；該沒用時，沒用！」能夠學懂辨別時勢來選擇合適的角色，這才是智慧！只要我們清楚自己的目標，生命線上的徘徊只是歷練，才能的發揮也只是一時的際遇！

(導師：鄧志榮)

香港首位印裔社工

他 第一天在明愛專上學院開課，便有電視台來採訪他。

同學們都對他很好奇，因為一望而知，他跟其他同學不一樣。

他自己也是第一次，跟與自己不一樣的同學一起上課，感覺成為群體的一分子。

其實他在香港上生土長，從來都把自己視作香港人。

但香港的一些社會政策，把他隔離了，他要如香港人般正正常常地學習、為前途奮鬥，幾近不可能。

他也曾沮喪、抱怨、不滿，以致誤入歧途，猶幸一位社工把他的命運扭轉。

他現在也成為社工了，更會四處到不同中學分享他個人的成長故事，也會到聯合國去講述香港的不合理政策——希望減少與他一樣的受害者。

他，就是香港第一位印度裔社工 Jeffrey Andrews。

＊　　＊　　＊

　　與 Jeff 做訪問，要跑到重慶大廈去，不是重慶大廈地下，而是重慶大廈 16 樓！

　　作為香港人，筆者總難免視重慶大廈為「龍蛇混雜」之地，何況更要到 16 樓去。

　　連 Jeff 也坦言，起初知道要到重慶大廈上班，第一個反應是「好驚！」

　　但唯有在那裏，Jeff 才得以展開他的服務。

　　別誤會，Jeff 不是在那裏服務印裔人士，他服務的，是來自世界各地的難民！

　　那是基督教勵行會的難民服務中心，位於重慶大廈 16 及 17 樓，專責為難民和尋求庇護人士提供綜合服務，包括居住、食物、衣物和緊急援助金等，以至教育、培訓及心理與精神健康等支援服務。

　　Jeff 的社工身份和他的少數族裔背景，似乎是擔當這份

工作的不二人選。

其實，他未成為社工前，已經在這裏工作一段時日。

Jeff 並非在重慶大廈長大，其實，Jeff 小時居於黃埔新邨，在深水埗李鄭屋官立小學唸書——就像許多香港小朋友一樣。

只是，那所小學專為少數族裔而設，中文是第二語文，第一語言是英文。

但 Jeff 說，少數族裔小學時唸的中文，水平只猶如幼稚園般。

● ● 無法學好中文 ● ●

他後來轉到地利亞修女紀念學校唸中學，但政策規定，少數族裔升讀中學後，必須以學習英文及法文為第一、第二語言，不可以再唸中文。

由那時開始，Jeff 便意識到，他們與華裔學生的待遇有分別，除了在小息時有機會一起踢球外。

當然，即使在香港土生土長，Jeff自小也感受到作為少數族裔的無奈。

由於Jeff的皮膚比一般印度人還更黝黑，加上黃埔新邨又較少印度人居住，所以左鄰右里背後叫他「黑柴」、「黑鬼」，他不好受，但也只能啞忍下來。

由於中學無法唸中文，Jeff和他的印度裔朋友，好像早已預知自己無法在香港入讀大學，或找到理想工作，最後做看更、做地盤，這種心態也變成一種惡性循環，令他們更無心向學。一班「自己人」走在一起，自知沒有前途，只能對社會抱怨。

於是Jeff珍貴的年輕歲月，大部份時間都在球場度過。他曾經應徵足球員，但一份中文的申請表格，就把他難倒，通往前程的大門，好像在他面前關上。

●● 會考6分，走入歧途 ●●

會考後來只得6分的Jeff，放榜那天，跟常與他接觸的社工王惠芬說：「我可以自殺了！」

但王惠芬鼓勵他不要放棄，只是同時坦白地告訴他：他的路會走得比別人辛苦。

Jeff 找到了另一條證明自己的途徑，他加入黑社會，到處打架、偷竊等，由於賺錢容易，他覺得這樣的生活不僅沒有問題，而且很是風光。

「It's a good life!」他那時的確是這樣認為的。

他憶述自己那時染了一頭金髮，有時兩三天也不回家，與父母的關係亦搞得很差，但那時他想，沒有所謂，即使父母趕他離家，他也可以倚靠他的黑道朋友。

直至他因打架被捕，才終於知道，誰是真正關心他的人。

一夜，他在灣仔一間酒吧內，把人打傷，最後被警察逮捕。他被扣押在警局內，整夜不停打電話找他的黑社會朋友求救，足足打了七小時，都找不着那些平時與他稱兄道弟的「手足」。到了凌晨四點，他實在不想在警局過夜，唯有厚着面皮打給社工王惠芬，王惠芬即時撲到警署，把他保釋出來。

王惠芬是融樂會的社工，融樂會是專服務香港少數族裔的慈善機構。其實 Jeff 一向也感受到王惠芬對少數族裔的關心，以前他在球場踢波時，王常常走來與他們聊天，向他們推介一些健康的活動，或請他們一起參加社區足球比賽等。

「那時我已經感覺她是發自內心地關心我們。一些社工來球場找我們傾談後，便會遞上一張表格讓我們簽名，證明已經與我們見過面，感覺上，那些社工好像在『跑數』。但王惠芬

從來都沒有這樣做。」

甚至會考放榜，王也在校門外等他們。雖然一直也知道他們聯群結黨不務正業，但卻從來沒有放棄他們，更不時安排一些義工讓他們參與。Jeff笑說，其實那時他們內心也知道自己的所作所為不是太正當，所以當王惠芬一叫到，他們便一呼百應，當作平衡一下心理。Jeff也曾有一些印度裔朋友打架犯事，尋求王的協助，但Jeff以為一定不會輪到自己，誰知……

王惠芬陪Jeff回家，此刻，父母沒有再打罵Jeff，Jeff看到父母傷心、失望又擔憂的眼神，內心更難受。

「記得我母親說，少數族裔的命運本來就不好，現在我犯事了，未來的前途只會更黯淡……那一刻，我醒覺了，知道生命真的要改變！」

● ● 痛定思痛　終於覺醒 ● ●

王跟他分析情況，由於他犯事時已 21 歲，故有七成機會要留案底或坐牢。在等上庭的兩、三個月裏，是Jeff畢生最難受的日子。

他不敢再夜歸了，每晚 6 時前便已安坐家中，星期日還自發上教會去。

「生命要有經歷，才會醒覺！」他感嘆。

王惠芬也多方為他奔走，四處央求 Jeff 曾服務的組織為他寫求情信。

判刑那天，法官看着厚厚一疊的求情信，也替他惋惜，知道如果判這青年坐牢或留案底，將為他的一生帶來沉重影響⋯⋯

最終，法官判他緩刑一年，無需留案底，他聞判那一刻，感覺自己的生命真的重生了！

之後，他洗心革面，得到媽媽的朋友介紹工作，可惜因金融海嘯又被裁員。

不久，他生命的救星——王惠芬再度出現，這次，王介紹他到基督教勵行會轄下的難民服務中心當社區工作員，協助來自世界各地的難民在香港安頓，例如協助他們尋找居所，及提供一日三餐等。

原來有些難民有機會在港一等數年，直至得到外國收容才離開香港。Jeff 除了協助難民們適應在港的日常生活，還幫他們開辦足球隊、音樂班等，有時亦會請難民協助當義工，甚至替其子女申請入讀香港的學校。

「作為難民，不是比少數族裔更痛苦嗎？」每天面對離鄉

背井、漂洋過海的難民，Jeff 更感覺到有份莫大的動力，要去協助他們。

一年後，王惠芬再跟他說，明愛開辦的社工副學士課程，希望招收一些少數族裔的學生，可以讓他們以通識科代替中文科報讀，並且已獲社工註冊局認可，問 Jeff 有沒有興趣申請。

• • 修讀社工　改變命運 • •

Jeff 的命運，可說是由王惠芬改寫的，他自己深深地感受到社工助人的力量，因此，有機會成為社工，對他來說，也是延續着改寫別人生命的使命。

「我看到她這麼努力去為別人奔走，令我感覺自己也有責任去幫助其他人。」

經過三次面試，他終於獲得取錄。第一天上課，王惠芬還安排了傳媒來採訪他，Jeff 也不介意公開自己的經歷，作為其他年輕人奮發上進的教材。

一些同學看電視後主動過來認識他，叫他努力、加油！在明愛專上學院，Jeff 可說是生平第一次，與一大班香港人一起上課，他更感覺自己可以作為民族大使，扮演溝通兩地文化的橋樑角色。

「小時候，我們一些包着頭的同胞常被港人稱作叉燒包，心裏不好受，但也明白這是由於香港人不理解我們。」

對 Jeff 來説，學習最困難的部份，仍然是語言。起初他以為課程的筆記都是英文的，但後來卻發覺一些講義、剪報等也是中文，加上他的廣東話其實只夠日常生活應用，對一些社工常用的專有名詞，如同理心等，他也是在明愛才學會。

熬過了半工讀的辛勞，熬過了語文的隔閡，Jeff 最終也順利畢業。他拿到社工證件所做的第一件事，是把證件放在媽媽墳前。

● ● 母親離世　遺言銘記一生 ● ●

Jeff 的媽媽在他唸至第三年時得了癌症離世，當時，她為免影響 Jeff 的學習，從不向他透露自己有病，直至離世前兩星期，還説自己沒有事。

Jeff 永遠記得媽媽臨終躺在病榻上，囑咐他一定要成為社工：「去幫助那些貧困及有需要的人士，你看現在我們身旁的，都是他們！」Jeff 看着圍繞媽媽床畔的，都是在社會低層掙扎的同鄉。

Jeff 最遺憾的，是媽媽沒有親眼看到他正式成為註冊社工

的一天。

「我以往做了那麼多錯事，以為終於有件好事讓她看到。」Jeff不諱言，他很後悔中學畢業後白白浪費了兩年去打架、不務正業，不然，媽媽已經能看到他畢業了。

媽媽是 Jeff 最敬愛的人。他憶述有次因家中遇上經濟問題，自己沒有錢交學費，導致無法參加考試，他一時沮喪起來，在校門外致電媽媽發脾氣，誰知翌日，校方告知他，媽媽來幫他交學費，原來媽媽即時變賣了金器，把錢親自拿到學校，還叫 Jeff 不用再煩惱，安心唸下去。

今天，Jeff 仍常常念記着媽媽的教誨，去幫助有需要的人。例如，他曾在 facebook 召集一夥 50 人，每人出資 100 元，一起去派飯給露宿者，參加的人也不一定是印度裔人士。

「露宿者的命運，比少數族裔更差呢！很多香港人也沒有接觸過露宿者，這次活動可以讓大家知道，在香港，仍然有人生活得很辛苦、很坎坷！」

Jeff 說，他一向把自己視作香港人。「雖然香港人的確對我們有歧視，但香港這地方，也給了我們正確的價值觀與安

全感，我以身為香港人而驕傲！」

因此 2014 年的雨傘運動時，他也與一班印度裔朋友拉起寫有「我們是香港一分子」的黃色橫額，到金鐘去支持學生，還高歌一曲 Beyond 的《海闊天空》！原來 Jeff 當年就是靠學 Beyond 的歌來苦練廣東話的！少年時的他，將 Beyond 歌詞的每一個字，都用拼音拼出來，努力背誦，Beyond 的歌詞中許多宣揚團結、抵抗歧視的精神，就成為他成長時期的精神感召。

除了跑上街頭，Jeff 還跑入不同中學去，跟同學分享他的跌宕成長。

「我不介意講自己的過去，我如何犯錯，又如何回歸正途。香港給了我很多，我也想用自己的影響力去回饋社會。」

去年，他還跑到聯合國去，解釋香港的語文隔離政策，為少數族裔帶來的影響，希望游說委員關注香港少數族裔的平等教育權利，促請聯合國要求港府消除此種族隔離現象。

他自己走過的艱辛路，不希望有人重蹈覆轍。

「畀條路我們行！」Jeff說。一位社工的關心與愛心搭建起他的人生路，他這一位社工，也在努力為其他人闖開他們的路呢！

導師回應

同一天空下，
得來不易的少數族裔社工

在我還未正式當上全職老師之前，我是研究少數族裔在港生活狀況的研究員，在我的訪談間，深深感受到少數族裔在香港生活的艱辛，從日常語言溝通、學校教育、工作機會及社會接納上都有遇上難關。少數族裔年輕的一群，就是在大家看不見的社會觀念和政策下，應得的資源沒有有效分配給他，導致他們生活困苦，唯有更努力，所謂「自力更生」，在沒有社會認同或捱不住社會的涼薄下，壞分子藉此加以利用，向他們施予僅餘的認同感，以致他因而不幸踏入歧途，被逼走上眾人標籤下造成的歪路。

作為社工，我們看到少數族裔需要幫忙，但在彼此文化語言不同下，最理想的圖像當然是由少數族裔的社工去幫助少數族裔的受助者。正就是這種背景下，學院希望培養少數族裔的學生，學習及理解社工價值信念，讓他們在身同感受下去協

助不同族裔人士面對及解決困境。所以在招收少數族裔的學生前，學院努力向社工註冊局力爭收生條件：豁免少數族裔學生在社工課程要必修中文，而以通識科代替中文科的做法，最後很開心地爭取成功，才有少數族裔社工 Jeff 的誕生。

受 Jeff 生命中的重要人物——同樣是我認識多年的社工王惠芬所託，要更盡力關顧少數族裔的同學，尤其是王認為他們對香港社福界現況未有很充份掌握，要我多約會他們定期講解討論，同期有幾個少數族裔的同學，當我提出晚間放學 10 點後或放假回來商討，Jeff 是表現得最積極的一個，他也是他們當中最信賴的一位，每次統籌這個會議都是由他擔當的，可惜後來他工作太忙，統籌角色已沒有再發揮到了，在全年只約了一次聚會而已。但不要以為 Jeff 只有少數人信賴，他同樣很受華語學生歡迎，每次在放小息期間，不論任何種族的同學都跟他打成一片，可能是他的廣東話最流利，人又主動，抵死惹笑；也可能是他常唱 Beyond 的中文歌，也可能是他極力爭取任何機會去認識同學，認識這個華語世界，如他在沒有政府資助下，自費參加學院舉辦的四川交流團，了解汶川地震災後的情況，同學們自願為他作普通話翻譯，他也在當地成為了少數族裔的文化大使，所以他在學校相識滿天下！

學院為少數族裔的學生成立 AD HOC GROUP 去照料他們，我跟幾位學系內同事加入，職責是提醒同事們的筆記要全

英文書寫，確保電郵是雙語信息，平日多問候他們的讀書進度，了解他們的讀書困難及需要，協助他們解決。Jeff，他最願意反映意見，而且態度謙虛有禮。我在課堂講解時，我會先望着他而後來轉向另一位中文理解能力有待改進的少數族裔女學生，每當看到她皺眉，或低頭向 Jeff 和其他同學要求翻譯後，我便會再講解慢一點，再多加例子，中英雙語講學。要做雙語授課，在課程嚴峻及時間倉卒下，只可選其一語言授課；加上學院收生定位以成績中等的華語學生為主下，這景況是一個兩難局面，理應以全英語教學的本地某所高級學府收錄少數族裔的學生是最理想的，恐怕無此機會；我唯有為他們另訂一個英語補習堂，在補習課裏，竟然發現因工常遲到的他，對抽象理論的接收及理解不錯。

不過，他跟另外兩位少數族裔的同學一樣，對於香港的政局，經濟發展及民生處境、基層生活困境都很關心，可能他們也是來自面對困境的一群，在放學離開學校期間遇上，

會找老師討論一下。後來雨傘運動的出現，不奇怪他的積極態度，他聯同其他少數族裔朋友每晚也到金鐘宣示支持佔領，他把我加入他的 WhatsApp 群組內，看到他在群組內如何討論及表達政改訴求，努力統籌每晚的行動，遇上穆斯林的保守勢力人士登報反佔領時，他就着力草擬反對聲明。這份熱切的關懷，不只對着佔領行動及政改方案，還有對滯留在香港的難民的關懷，印尼地震災後籌款活動，他都走得很前很用力呢！

一個很有感染力但仍擁抱謙卑的男社工，不論膚色有多黑，語言文化有大不同，我們每一位明愛人都見證了 Jeff 的努力及成長！同一天空下，我們都是香港人，願社會上每一個身處困境的人，都有 Jeff 的力量與堅持！

（導師：羅淑玲）

以平常心走不平路

書中不少被訪者，都有着各自人生中的各種不如意。

但這些不如意，都是深藏在他們的生命歲月中，從外表看來，他們都是活活潑潑、一心在追尋夢想的青少年。

然而，這位被訪者，他的不如意，別人一眼便能看出來。

不過，他也如其他被訪者一樣，沒有被擊倒，相反，他越活越樂觀，縱然種種考驗從沒有減少。

張偉德是一位白化病患者，他的皮膚及頭髮都呈白色。而且因為白化病，亦患有輕至中度弱視。

他的成長總是要面對別人的奇異目光，及諸多生活上的不便。

＊　　　＊　　　＊

因為眼睛看不清楚，他雖然被老師安排坐在前排，但由於他身形較高大，便常被坐在後面的同學嘲笑他「食玻璃大」。

雖然坐在前排，他仍要自備望遠鏡，才能看清黑板上的字。考試時，學校也要為他安排更多時間作答，及 A3 大小的題目紙，方便他看題目。

當然，小時候的他常問母親，為甚麼自己與別不同。

他有一位比他大兩歲的兄長，但全家只有他遺傳到白化病。

白化病也影響他的肝功能，令他自小體質已比其他同齡小朋友虛弱，在五、六歲時更曾經試過突然休克。體溫升至 37 度，對他來說已是發燒，小孩子的他，經常也得出入醫院。

母親為呵護他，自小已不用他做家務，怕他弄傷。

張偉德的父親在他兩歲時便已離世，由母親把他兩兄弟帶大，母親在家中給人補習，順便照顧他兄弟倆。小時候，他情緒不好時，很自然會怪責母親，雖然知道母親的內疚，明白母親的辛勞，但仍然無法控制自己的情緒。

直至他差不多初中，開始接受自己，才慢慢對母親釋懷。

「由小時一直怪責她，到後來看到她的辛勞只覺矛盾，到中學時對她只有感恩，沒有抱怨。」

● ● ● 重建自我價值 ● ● ●

他在小學時開始接觸一些服務視障人士的機構，參加活動之餘，也參加義務工作，從中知道社會上許多弱勢社群比自己的境遇更困難，許多人比自己有更多需要。

加上他的表現得到其他人的肯定，令他增強了自信，即使有時做得未如理想，但中心的社工不斷給予他許多支持，他學懂接受自己。

「那位社工從不會告訴我應該如何去做，只是提出問題讓我思考，如何可以做得更好。既然路是我自己摸索出來的，那就更令我能夠重新肯定自己。」

張偉德用「榜樣」兩個字去形容這位社工，他父親早逝，作為男孩子，成長中缺乏「角色楷模」，這位社工的出現，也令張偉德為自己的理想，找到明確的方向。

張偉德的小學成績不錯，升上 band 1 中學，但可惜由中文小學轉讀英文中學，因教學語言的問題跟不上，最終在會考只考取到單位數字的分數。

起初他以為自己的成績無法升讀大學，社工夢想破滅，誰知一次無意中翻揭到明愛的升學指南，發現明愛提供社工副學士課程，於是立刻報讀。他面試出來，在等電梯時，明愛的導師已追出來說會錄取他！

　　但入讀明愛第一年，張偉德要適應殊不容易。他說要在規模與空間比中學大得多的明愛校舍中穿梭來往，認不得路徑、認不得房間是他的最大困擾。

　　「迎新那一天，我已經因看錯字而入錯班房，人家講到一半，我才發覺不對勁！」

　　轉堂時，他也找不到路往不同班房去，因為他需要比常人更多的時間去認路。

　　唸完一年後，他忽然感覺很迷惘，不知道自己是否真的想做社工，或要做一個怎樣的社工。索性休學，重新思考。

　　他到了一間社福機構擔任就業助理，那段期間，他看到機構內有社工很機械式地工作，記掛的只是每年搞活動的數字，重量不重質。

　　張偉德很沮喪，但反更加強他要成為社工的意志。

　　「這讓我明白自己應當成為一個怎樣的社工，所以我對這次體驗很感恩，下定決心回明愛就讀。」

兩年的社工副學士課程，張偉德充份感受到同學們的關心，除了日常生活中給他的協助外，最深刻的一次，是上 self lab 課，談的題目是「生與死」。

　　那陣子他的小學好友因癌症逝世，他因趕不及送終，而一直怪責自己，還說到哭起來。同學們除了當場給他鼓勵，事後還常常陪他一起吃飯，放假又約他去玩，讓他能從哀傷與內疚中走出來。

　　「同學們都好像很明白我的感受，令我感覺自己一點也不孤單。」

　　同學們都是未來社工，自然對別人的感受較為敏感。可惜校園內的溫情，卻未能延續到現實中去。

● ● 現實殘酷　努力適應 ● ●

　　張偉德找工作時，會主動講出自己面對的限制。結果是，四個月內面試了 30 次，仍然沒有機構願意錄用他。試過有次，對方表明說會聘請他，但當他說明自己有弱視時，對方即馬上說要重新評估，認為他的視障問題會對工作有影響。

　　「當下的確有種失落感，覺得因為我的視障問題，而抹煞了其他方面的表現。」

他終於找到一份短期工作，但亦因此，機構提供的電腦設備也較差，只有一部 13 吋屏幕的手提電腦。這令弱視的張偉德需要更花精神去處理工作。

　　即使他跟上司反映情況，但無奈他的職位只有數月的期限，故即使申請獲批，他已離職了，最後他只好用自己的方法補救：只用 15 分鐘吃午飯，其餘時間用來睡午覺，幫自己「叉電」。

　　張偉德已經慣了用自己的方法去適應，而不是要求別人適應自己。在學期間他曾被派往一所機構做實習，如果別人寫的字不夠端正，他便會先用手機拍攝下來，再放大來看。

● ● 活得開心　接受自己 ● ●

　　張偉德提起這些生活上的點滴，沒有一絲一毫負面情緒，只承認確為他帶來一點不方便。對於未來，他仍保持着樂觀的心態。他現在已有女友，更有結婚的打算。以往他也曾結交女友，以為對方會介意他，其實是他自己有太多想法。

　　「以為女孩子會介意，或者女孩子的家人會介意，或者女孩子的朋友會介意，其實是自己在介意！」

　　雖然，他的白化病是遺傳，然而對於生小孩，他坦言已經

不再如以往般擔憂。

「以前我完全不敢想自己的婚姻，後來想到有可能結婚了，卻又不敢去想生小孩的事，因為不想自己的孩子，去經歷我所經歷過的。其實生下一代是件開心事，如果我為人父親，能夠做個榜樣，讓兒子知道我也一樣活得很開心，那才是真正的接受自己呀！」

筆者未訪問張偉德前，以為會聽到一些賺人熱淚的情節，或者成長路上可歌可泣的遭遇，但從張偉德口中，最「激烈」的一次不愉快，也不過是他小時因兄長朋友說他古怪而「差點」與對方打將起來而已。或許張偉德真的是個冷靜而平和的人，大概，真正地接受自己，不是口裏說的多少口號，而是在言談舉止間，所透射出來的一種祥和、無爭的感覺。

還是那句老話，心態，決定一切。

導師
回應

人定勝天的寫照

「人定勝天」是我看阿德故事的最大感受。作為阿德的實習導師，目睹阿德在實習過程的認真專注學習態度，及對服務對象負責任真誠的關懷，感到無比欽佩！他在上我心理學課時的專注認真，也使人印象深刻；他總是坐在前數行，帶着專用的小型望遠鏡，看筆記投影。而考試的時候，他被安排在最前排，學校特讓他的考試加長了半小時，但他卻和其他人一樣準時交卷。

白化病，弱視並沒有成為他的絆腳石，反而成為他的踏腳石。在與病患同行的日子裏，他的自我顯得更為高大，內心的助人熱火也燒得更旺。

在這先天的病患中行走人生，困難重重，阿德彰顯的是人定勝天的力量，也是一種超強意志的實踐，他在第一年到明愛唸書的時候，也曾經軟弱退縮，離校後，又回來重新啟航，讓我們看到人生的路途，即使有病患，即使曾經跌倒，也可以振翅高飛，最近阿德還獲得了聖公會舉辦的「傑出人士」獎，他

的努力不懈，再次得到肯定。但願他可以成為傑出的社工，協
助更多有需要的人們，在任何困難中，也能活出精彩人生。

(導師：吳海雅)

被偷走的「阿謙」

聽阿謙（假名）的故事，感覺有如看那齣台灣電影《被偷走的五年》。

猶幸，他只「被偷走」了一年。

不，正確點說，應該是，他從明愛徐誠斌學院（明愛專上學院前身）的社會工作高級文憑課程中，「被偷走」了三年。

讀者一定被搞糊塗了，到底，是一年、三年，還是五年？阿謙怎麼「被偷走」？又是誰將他偷走？抑或是他不願上學，從學校偷走？

＊　　　＊　　　＊

「喂，阿謙，你不是說要發奮讀書嗎？怎麼開學第一天便走堂？」

2009 年 9 月，阿謙接到一個令他驚愕萬分的電話。

「你說甚麼？誰走堂？你是誰？走甚麼堂？」拿着電話的阿謙，一臉莫名其妙。

「我是你唸社工的同學呀，昨天開學，怎麼不見你？」

「你說甚麼？甚麼社工同學？你到底是誰？開甚麼學？我認識你嗎？……」阿謙緊張地詢問，他聽到自己的心，撲通撲通地跳。那刻，他很慌亂，不是因為自己「走堂」、「不上學」的事情被揭發，而是……

而這位致電給阿謙的同學，亦同樣錯愕！他沒有想過，他的好同學好朋友阿謙，暑假過後，竟像完完全全忘記他！

其實，他不是阿謙自暑假以後忘記的唯一人事，剛剛過去的暑假，阿謙遇到了交通意外，撞傷了腦袋，導致局部性失憶，車禍前一年所發生的事，就這樣從他的記憶中完全消失！

● ● 一場車禍　忘記過去 ● ●

因此，阿謙忘記了自己正就讀明愛徐誠斌學院（明愛專上學院前身）的社會工作高級文憑課程，忘記了前兩天開學要回校上課！

翌日，一片惘然的阿謙，半信半疑在地鐵站等待與這位「同學」碰面，在熙來攘往的人群中，他找不到一張熟悉的面孔。直至同學站在他跟前，他還是完全認不得對方！而這位，竟是剛過去的學期裏他在班中十分要好的同學！

猶幸同學很照顧阿謙，帶他回校見班主任，班主任為了讓同學理解他的狀況，以方便日後協助他，於是鼓勵阿謙向全班同學講述自己的遭遇。阿謙只好在班房內，尷尬萬分地講述自己的故事，他的目光掃射着班內每一張面孔，不敢相信自己竟然與他們同度了一整年的光陰！對阿謙來說，他們每一個都如此陌生、班主任也如此陌生、社工課程也如此陌生，連明愛的校舍也如此陌生……

曾經唸過的課程內容，他已完全忘記，連自己為甚麼要唸社工，也完全記不起！每天，阿謙在陌生的環境中上課下課，卻只感渾渾噩噩，不知為的是甚麼！同學，他不再熟悉，功課，更覺追不上，用他的話說，只是每天在校中「浮游」……

其實自從車禍出院，阿謙已經這樣子在家「浮游」數月。

過去多年，他的父母一直在國內做生意，每月只是回港兩、三趟，因此大部份時間，阿謙都只是獨個兒在家，他有個姐姐，卻因智商問題住於院舍，而忙着做生意的父母看他出院後「行得走得」，像平常人一樣，也沒有再怎樣理會他。車禍後的幾個月，阿謙都處於一種迷失又迷惘的狀態中，感覺自己好像從原來的生活中脫軌了，但生活中原來的軌道又在哪兒呢？阿謙一直沒有答案，直至開學兩天後接到同學的電話。

● ● 重返校園　更覺茫然 ● ●

可惜，重回校園，並未為他的生活找回方向，反而，迷失感卻有增無減，加上功課帶來的壓力，及校內同學的怪異目光，令阿謙的情緒十分困擾，他說那陣子「好頹！」

終於，在開學個多月後的一天，坐在課室中的阿謙，忽然感覺無法再忍受下去，因為他完全聽不懂講師說甚麼！他激憤起來，抓起書包，一個勁兒衝出了課室！

連退學手續也沒有辦，他又再從明愛的校舍中消失！

帶着一片茫然的阿謙，到外地遊玩了幾個月，但玩完了，一顆心仍是找不到依歸處。回到香港，還是摸不清自己要做些甚麼，那時他心想，反正也要找點事情做，不如就協助父親打理他的生意吧！

阿謙的父親在國內經營禮品包裝，一直以來，都希望兒子能出手相助，但以往的阿謙卻懷抱着做社工的夢想。如今，社工夢好像被一場車禍撞得粉碎，加上看着父親的健康及生意都在走下坡，於心不忍的阿謙不禁想：「反正要外出找工作，何不索性協助他？」

阿謙自小已不喜歡父親，由於兩父子很少相處，加上他看不過眼父親對祖母不孝順，還兼被母親發現他有婚外情導致離婚，因此他形容與父親的關係一度「好僵」、「極度插水」。但與父親近距離接觸後，他開始欣賞到父親能幹的一面，父親雖然只唸過小學一年級便偷渡來港，但由裝修師傅不斷努力，憑着自己的生意頭腦與創意，自行創業，奮鬥半生，至擁有不少物業，阿謙説來也不無敬佩：「小時候常見他在家畫啊畫，其實在設計自己的產品，他在會展參展，所設計的玻璃櫃，連遠在中東的顧客都大量訂購呢！」

吃飯時，由起初的沉默不語，到後來的無所不談，阿謙漸

漸對父親多了關心，天氣涼了，他會叮囑父親多穿衣服，見父親疲累，會叫他回港休息，把生意交給自己操心。

● ● 過去重現　矛盾心亂 ● ●

父子兵並肩作戰兩年，正當阿謙與父親的關係越來越密切之際，他卻開始常常感到偏頭痛，還發噩夢，夢中閃現車禍前的生活片段，他開始記起當年在明愛唸社工的情景，例如自己曾經遲交功課令實習不合格，又曾經被老師批評！失去了的回憶，似乎慢慢返回他的意識！

終於，阿謙記得自己為甚麼要唸社工了！「社工予人同路人的感覺，當有事發生時，有人在旁關心是很重要的。」

由小至大，阿謙都在單打獨鬥，他孤單地成長，從未感受過家庭溫暖，因此自小便「好冇自信好自卑」，又無心向學，踏上中學後為了「有更多人注意自己」，還試過逃學。到了中二，才開始有駐校社工關注他的情況，連帶班主任也多加留意他。

「記得有次英文測驗派卷，班主任叫每位同學當眾報上自己的分數，我說謊講了一個合格的分數，老師質問我為甚麼講大話，我當場哭了起來，說怕自己當眾出醜，才亂報分數。班

主任竟然跟我說對不起，承認自己沒有顧及學生的感受。」老師後來還私底下給他補習，那年，阿謙唸得很開心，感受到「有社工同班主任錫」的滋味。

從此，小小心靈已立下他日做社工的志願。

但這一刻，父親的生意在阿謙協助下正重上軌道，父子間的關係又那麼融洽，阿謙很矛盾，到底應選擇追尋理想，還是滿足父親的期望？應繼承父業，還是實踐自小的志向？

父親似乎也洞悉阿謙的心意，他曾經戰戰兢兢地探問阿謙，是否想回去重唸社工？

阿謙望着父親的眼神，實在開不了口。

回復記憶的阿謙內心交戰了足足一年，到了 2012 年，阿謙想起自己已經 27 歲，社工課程要三年後才畢業，到時已經 30 歲，如果此刻再不下定決心的話 ……

他眼見父親的身體狀況已漸轉好，加上父親的女朋友也在協助他的生意，於是硬着頭皮向父親表明心迹，誰想到父親竟然一口應允！

● ● 學子回頭　一切從頭學起 ● ●

阿謙於是重新報讀明愛，面試時，老師認得這位曾經一走了之的學生，與他足足談了兩小時，確認今次他真的是「阿謙回頭」，才再予他入學機會。

阿謙對於以往學過的其實已忘失得七七八八，決定由第一年開始重讀，他很感謝明愛願意重新錄取他。

「當日發脾氣一走了之，實在太任性。如今年長了，知道回頭的機會可一不可再，因此會倍加珍惜。」

令他珍惜的，除了學習機會，還有老師們對學生的關愛。在明愛的學院裏，學生對老師不會稱阿 Sir 或 Miss，每每直呼英文名，私底下大家還會相約吃飯，這種亦師亦友的關係，令學生更有歸屬感。

「坦白說，以往我也曾擔心明愛的師資與認受性等問題，但這裏的老師所付出的，不單是課堂上的知識傳授，而是真正地關心學生。這對我們來說，其實是最重要的。

「例如班上有同學家中發生問題，無法如期交功課，老師會予以體諒，有商有量，即使遲交了一個月都不扣分，又願意在下課後的私人時間，與同學傾談，關心同學的處境。我們遇上個人煩惱時，亦可以『近水樓台』向導師們傾訴，他們本來就是資深社工嘛，所以真的好感恩呢！」阿謙笑說。

阿謙從大陸回港唸書，與母親同住。實習期間，母親因離婚患上躁鬱症，令阿謙情緒受到影響，對實習信心大失，猶幸他可以向班主任及導師陳明狀況，令他在情緒上也得到紓緩，最終順利完成實習。

來自老師們的關懷，令阿謙更感受到成為社工的意義。「自己感覺無助時，沒有人願意伸出援手的那種迷惘，我深深經歷過，這令我更確定自己有機會的話，便要去幫助有需要的人。」

阿謙自言今次重返校園，學習態度比前認真了，功課會在死線前一星期便做好，以便慢慢修改。而幾年下來，阿謙也改變了自己，變得較主動去接觸不同人。

「做社工見 client 的時候，不能 dead air 嘛！所以我說話也多了。」

以往他愛玩，因此只想做接觸青少年的社工，但今次有機會「落區」與街坊接觸，對社會問題認識多了，對市民的現況

有貼身的了解，令他更堅定想協助弱勢社群的工作路向。

「感覺低下階層最弱勢，令我更想去協助他們。」在碼頭工人事件發生時，他也投身與同學們協助募捐，與工人們一起同行奮鬥。

「有一班關心社會的同學一起結伴，懷着共同目標，心中那團火會燒得更加勁！」

外表斯文的阿謙，說得興奮時不禁着緊地握拳揮舞，看來那些被偷走的歲月、被偷走的理想，阿謙都一一找回來了！

導師
回應

讓不可能成為可能

當初接觸阿謙，聽他訴說失憶的經歷，說真的，確曾懷疑這是否學生杜撰出來的故事？心想這是電影橋段和電視劇的情節，現實生活中有可能發生嗎？幸好，當時沒有被這主觀的懷疑阻礙了客觀的求證，我們再次給予阿謙重新開始的機會。

阿謙起初回來重讀，感覺他的信心並非很大。雖然好像找回了重唸社工的初衷，但因曾車禍受傷，怕自己的記憶力影響學習，阿謙的擔憂也是理所當然。作為導師，我們從旁不斷地給予鼓勵，後來果然證明他完全能追上學習進度，加上他越來越投入校園的活動，參加了不少服務社會的小組，我們彷彿看到一個熱心的未來社工。

然而，好景不常，人生的際遇再次為阿謙帶來挑戰，實習期間，母親情緒病發，阿謙自覺不可能完成學業，在放棄邊緣掙扎的時候，我們除了為他提供情緒支援外，也嘗試和阿謙協議，在合理範圍內讓他延遲遞交功課，以減輕他的壓力。此外，在助人自助的原則下，也指導他許多面對抑鬱症病人的實用方

法，讓阿謙自行尋找與母親相處的舒服模式。最後阿謙終能排除萬難，完成學業。而作為老師的我們，只要多些彈性與體諒，給予機會和支持，自然能在不可能中找到可能。

其實社工也是人，一樣會面對許多生活上的難題，及受到自己的情緒困擾，學習如何處理自己的情緒，對將來協助處理受助者的情緒，也是一大幫助，更是一門必須好好學習的功課！

（導師：熊瑤英）

服侍「無家者」的「富家女」

她家住新界豪宅屋苑，自幼衣食不缺，竟每天跑到油麻地，服務無家可歸人士。

她放棄了中大學位課程，卻去明愛專上學院唸副學士。

她最怕把無家人士的虱子帶回家，不是怕弄污家中地氈，而是怕被父母發覺後，不准她再做下去。

這個富裕的中產女兒，為甚麼要做社工呢？

一切的改變，源於一個衝動的決定。

數年前，Janus 入大學的成績未如理想，本來想唸建築的她，被逼選讀她不喜歡的工程系。

第一年還勉強應付，第二年她上課時完全不明所以，加上不認同課堂上的抄襲氣氛，自己又不甘於為此與同學們打好關係，越唸下去，越覺不快。

面對全不感興趣的科目，即使付上努力，也沒有成果，她感覺無法接受。

「居然連做功課也不懂！我實在過不了自己的一關！」

她是家中孻女，但兄姐都比她年長十多歲，父母在國內做生意，經常不在家，一腔心事，無人傾訴。從小至大，已習慣孤獨成長。她回憶當日揀選中學時，也是自個兒填表的，父母不聞不問，兄姐無參與。

「家中四個成人有四種想法，我不知怎樣才能滿足四個不同期望，好像無論決定甚麼，都有人反對。」

心事鬱結，令她思緒混亂、情緒低落，一天回到大學，索性「很激地」遞上退學表格！

「現在回望，才感覺做法很不智！其實不妨待至大學畢

業，再唸第二個學位，才選讀喜歡的學科！」

但話還未完，她又有另一種想法：「雖然我拐了遠路，但途上的風景也很寶貴呢！如果當日一帆風順地畢業，我會把得來的一切視作理所當然！」

● ● 遠訪山區兒童　找到生命召喚 ● ●

Janus 父母知她退學，口頭上沒有說甚麼，只着她好好休息，Janus 也慣了家人間很少把問題拿出來討論。她找了一份文職工作，但刻板單調的工作模式，令她沉思生命的意義何在。這時，剛巧任職社工的姐姐要到清遠山區兒童院去探訪，她想去增長見識，便隨同出發。想不到在那裏，她找到了生命的召喚。

「在清遠逗留了四、五天，每天與孩子們走幾小時路去上學，看見他們卻從無怨言，吃飯時即使圍坐一張大圓桌，也只得三碟餸。他們在物質上很匱乏，但偏偏都很開心。

「可能他們從未擁有過許多物質，所以一點點已經很滿足，令我反思自己是否把學業上的問題無限放大？其實我擁有的，已經比他們多許多！」

Janus 更覺察到，小孩子雖然不介意物質多寡，笑容背後，

卻掩藏不了有待滿足的心靈渴求。因為他們的父母都已外出到城市工作，把這些小孩子留在鄉間。

「所以他們其實很缺乏愛！很直接地表達出渴望得到關心與溫暖！例如渴望我擁抱他們，跟他們在一起！世上實在有許多需要被關愛與協助的人，看着他們，我多麼希望自己的生命能夠用來幫助別人！我有了想唸社工的念頭！」

回到香港已是 5 月，Janus 希望趕及 9 月開課，當時讓她報讀的大學只把她放在 waiting list，只有明愛社工副學士課程錄取她。

她坦言也有考慮明愛的「江湖地位」，但入讀以後，一班用心的導師令她沒有後悔自己的決定。

● ● 看見真正的「北斗星」 ● ●

「同學有不明白的地方，導師們在下課後會留在課室耐心地講解多次，如果同學仍不明白，導師們還會再找時間，不厭其煩地講解到學生明白為止。」Janus 形容導師們對學生，真是「一點都沒有嫌棄」。

甚至連同學到社福機構實習，導師們一樣照顧周到：「試過有同學在電話中與導師足足談到凌晨一點！我感覺導師真

的『瞓身』關心我們，而不是將教學視作一份朝九晚五的工作……怎樣才算是重視別人的生命？在課本上可以講得冠冕堂皇，但這是最好的身教！」Janus 有感而發。

導師們都是社工，Janus 從導師們身上看到社工精神的真正體現，北斗星，真的可以發光發亮，為身處黑暗的人們導航方向。

明愛的兩年學習，令 Janus 做社工的心更為堅定，當初生命中發生的不如意事件，原來正用以打造她的未來。而在她臨近畢業之際，命運再帶給她重要的一課！

那是最後一個學期，既要出實習，又要交論文，Janus 本已吃不消，男朋友卻於這時提出分手！而她想不到，這時候向她提供情緒支援的，正是一直以來與她關係一般的明愛同學。

原來在 Janus 心底裏，始終有未解的心結。她自言視中大的退學為一次「失敗」，是她「人生的污點」，因此很希望在明愛的社工課程裏重新證明自己的能力，加上與明愛的同學們相比，她自感能力比人強，因此更把取得好成績視為理所當然，便難免事事力求完美。與同學們一起做 project，她會不滿同學懶散，又會主動修改同學的作業，不僅改文法，還要改內容，甚至認為自己的「所作所為」理所當然！

但想不到，在她情緒低落的日子裏，卻感受到來自同學們

的主動關懷。她笑說：「我咁難頂，她們在我有需要時都給予關心，我更應珍惜啊！」

「經歷到身邊的同學的接納和支持，我學會調整對自己的期望與要求，不想再以分數去證明自己，已經到了最後一個學期，我何不珍惜與同學們的相處？」

Janus 終於放開懷抱，趕及在最後一個學期去享受學習過程。

Janus 終於順利畢業。她不諱言，畢業的學院，其實也是求職者的「標籤」，加上她由學士「降呢」變副學士，難免求職時令人對她「另眼相看」，但 Janus 藉着自己迂迴的路，提醒自己謙卑面對。

「如果我一帆風順入大學唸社工，大概不會對社會結構或政策問題等，有這麼多反思與質疑，而這些反思更令我堅實了做社工的志向。我的一些朋友，即使大學畢業，拿着 BBA 學位也不知道自己想做甚麼，我感覺自己幸福得多呢！」

● ● 以謙卑的心服侍弱勢社群 ● ●

Janus 現於一間服務無家者的基督教機構擔任社工。「無家者」還包括露宿者以外的無家可歸及住在惡劣居所人士，他

們都缺乏一個適切的家。機構除為受助者提供輔導外，還安排他們入住宿舍，希望為他們重建幸福家園。

「有一位清潔女工，從來無法做全職工作，因為全職工作要待至月尾才有糧出，而她『全副身家』不夠讓她花一個月，於是只好不斷做散工。散工收入低，有時開工不足，令她無法儲錢，演變成惡性循環。她來求助時在遊戲機店工作，因為可以睡在店內，於是我幫她申請宿舍。從來沒有想過，原來願意工作的人，社會都無法給予機會。」Janus 很切實地感受到能夠幫助他人改善生活的滿足感。

提到她的服務對象時，Janus 每每用「服侍」這字眼，筆者問為甚麼不用「服務」？原來「服侍」是基督教用語，聽 Janus 說得這麼自然，謙卑原來不只是口號，而是真的一種態度！

接觸過基層市民後，Janus 的想法也有所轉變。以前她也許與社會上一些人一樣認為，他們無非好食懶做，現在她會意識到社會經濟的轉型為低技術人士帶來的影響。

「我不斷去想，甚麼對案主來說最適合？我會破除自己的前設與框架去理解別人，更加完整地去看一個人的需要。」

Janus 自言生活習慣也有了改變，例如，購物減少了，買前會想一下，是否必定要買呢？

「看到無家者的生活，真的令我感覺，其實許多我們習以為常的物件，真的可有可無。而最珍貴的，卻是人與人間的關係！」

Janus 來自一個家人關係不算親密的家庭，未唸社工前，她以為自己甚麼都有，算是幸福吧，後來才知道，原來自己從小也缺乏了「家」的溫馨感覺。不過，失戀一役，她看到父母們為她而傷心，甚至取消在國內的一些重要事情，趕回香港陪伴她，這令她感受到，父母以往只是不懂如何表達關愛。現在她與母親親密得多，會閒談許多生活大小事，她笑說：「似番一對正常的母女！」

Janus 似乎真的比其他人走遠了路，但途上的風景絲毫不差。失去了一個學位，但得回做社工的機緣，失去了一段感情，卻又尋回許多值得珍惜的關係。人生的得與失，誰又說得準呢？

你在追尋甚麼？

看似柔弱的 Janus，背後是一顆堅毅無比的決心。擁有不錯背景的她，在學校的表現一向不俗，也是同學心目中的高材生。但她不說，誰又知道她也有一段不知如何面對的挫折。其實正好反映了明愛辦學的宗旨，讓同學有更多的選擇，不因為一次失敗或錯誤而停滯不前。而更令人欣賞的，是她那一種服務低下階層的使命。說來汗顏，當錄取 Janus 時，其實我們心中也有一些疑慮，Janus 會否以讀書作為逃避，是否真心完成課程？她畢業後會否繼續升學，而不從事社會工作；又或者周遊列國，享受人生？但當知道 Janus 畢業後有志從事露宿者服務，並以服侍來形容自己的工作時，就更能體會社工的精神，確實植根於 Janus 身上。

究竟人生追求是甚麼？每一次的不如意，雖然帶來失望痛苦，卻又讓我們明白自己多一點，令我們更努力去編織自己的夢想。教學的確是相長的歷程，從同學的人生，更體會自己應該學習如何理解他們的心路歷程，學習尊重他們的選擇。當

Janus 述說老師如何身教，令她更明白那委身意義的同時，我們也正在討論應該如何訂定老師與學生的界線，避免學生過分倚賴老師，更要小心不要變成輔導員，忽略老師的身份。但當你聽見學生如何欣賞老師的真心關懷與教養時，你又實在無法狠起心來，拒學生於千里之外。而當你看見 Janus 身體力行來體現社工委身的意義時，你又怎不享受當中的滿足感？或許這就是從事社會工作教育的吸引力吧！

(導師：朱昌熙博士)

跌跌撞撞找自己

青少年的成長故事，許多時也是一個探索自我的故事。

有些人很順利地找到自己的身份，有些人則經歷多一點跌宕，才開展自己的美麗人生。

至於美珩（假名）的成長路，何止跌宕，簡直顛簸！

她常常從一個極端擺盪到另一個極端——時而是個飽受同學欺凌的沉默少女，時而結交黑社會男友轉而欺凌別人；時而斷絕社交埋頭閉關苦讀，時而染晒金毛天天與同學食煙飲酒行街；時而滿口粗言不知唔該多謝拜拜為何物，時而瞓身幫議員助選派傳單協助弱勢社群……

她就像變色龍，為求在不利的環境中生存，不斷改變自己的身份與形象，年少無知的歲月裏，迷迷惘惘地前進。

今日，她已化身為輔導邊緣青少年的社工。她充滿自信地說：「我會對班細路講，即使你的路行遠了，但最終還是有機會回頭是岸！」

∗　　　∗　　　∗

「中三時，我被同學罵死八婆、豬扒，絲毫不敢反抗，只是低着頭默不作聲，那時我不懂跟人溝通，自信心極低，又害羞，加上整塊面長滿暗瘡，真是整天都不敢跟人說話⋯⋯」

眼前的美珩，蓄着長髮，一張瓜子臉，皮膚白皙，眼睛烏亮的，百分百是美女一名，還口若懸河，「豬扒」與「害羞」，又從何談起？

中學時的這塊「豬扒」，還是得到校內的靚仔男同學喜歡，可惜兩人拍拖個多月，美珩說她不懂與對方相處，最後分手收場。

分手的刺激，令美珩反思自己的外形打扮，於是她索性來個 180 度華麗變身：上學時染髮、化妝，下課便與朋友在公園劈酒煲煙，即使身穿校服，一樣去買酒買私煙，喝至醉倒街頭不省人事。

● ● 害羞妹變 MK 妹 ● ●

「那時我認為要型！要有形象！要夠潮！那就沒有人敢欺負我，我就可以保護自己了！」

後來，為了真的「有人照」，她還結交黑社會人士為男友，風水輪流轉，不但沒有人再敢欺負她，還輪到她去欺負別人！較年輕的同學多看她兩眼，她便認為對方不友善，找男友帶同一夥人，放學時把小師妹團團圍住，還恐嚇要摑人家。

「那一刻，我覺得能夠『兇』到對方，自己好威好型，很有報復的快感！以往被壓抑的感覺，一掃而空！」她自言那時變了 MK 妹，成績一落千丈。

兩月後，她又與黑社會男友分手，但這次她有點警醒了，知道求人保護也不是辦法，想到應該用學問做護身符，好好唸書提升自己。

美珩是聰明女，埋頭唸書一兩個月，翌年中四竟考入精英班。可惜她又恃強好勝，選讀不擅長的理科，最後只考到全班尾二，學校要她重讀。

由精英班變留班，美珩萬分不願！她更聯想到若與曾被自己欺負的小師妹同級，説不定慘遭報復。於是唯有自己去撲私校，終於找到一所私立中學收留她。

「在那裏玩得更瘋狂，女同學全都穿短裙，男同學上課時就分享召妓經驗，有些同學在班房內不斷搖撼書桌，原來『飲大咗』！上課時每每吵得無法聽到老師說甚麼，我當然無心向學。那時覺得跟這些同學們在一起『更型』，每天就是逛街玩樂，全港九的街道都被我們踏遍了！每月那二千多元學費猶如掉進鹹水海！」

但想不到沒有怎樣唸書的美珩，會考竟也有 8 分，還是全班之冠！她才忽然驚覺，原來自己只要作少許付出，也能在學業上取得一點成果。她深悔以往不好好努力，於是又再下定決心，報了香港專業教育學院（IVE）的商科，認真唸起書來。

● ● 家庭變故　半工半讀 ● ●

可惜正當她決定做好學生，父親卻因沉迷賭博令家庭經濟出現問題，母親被迫變賣金飾還賭債。美珩不可以專心當個全職學生了，但她不容許上天收回她的讀書機會，決定一邊唸書一邊工作。

她在補習社兼職，看到中六生來補習，內心更感慚愧，想到過去浪費了許多時光，否則今天自己早已是中六生一名。

美珩痛定思痛，決意無論怎樣，也得完成中六中七課程。她報讀私立中學，轉唸文科，一切重新開始。她知道家裏再無法支付她學費，於是先到時裝店工作兩個月，以便儲夠兩萬多元，作為一年學費開支。

短短兩個月的時裝店銷售工作，令美珩深刻反思自己的前途。

「每天除了收銀，便是不停地把貨架上的衣服反反覆覆地摺來摺去，同事告訴我，即使沒有事情做，也要扮摺衫，不停地摺衫，否則上司會覺得你在偷懶！」

美珩看到一些大學生同事，來時裝店工作除了賺外快，還在體驗生活，她很羨慕，她看看自己，知道如果繼續這樣下去，生命沒有出頭天，前路只是一片黯淡。

「叫你加班 40 分鐘，因為還不足一小時，可以全然不給加班費！這明明是欺壓！但現實就是這樣黑暗，而我們沒有討價還價的本錢，只能敢怒不敢言，多麼悲哀！」

美珩跟自己說，一定要擺脫坎坷的命運，一定要向大學的門檻進發！

即使全年學費已有着落，但生活費仍得靠補習社的兼職。半工讀的生涯不容易，那時她下班後，便馬上回家溫習，即使很累，仍然把所有功課交齊，還把過往的考卷反反覆覆重做，用她的話說：「要一鋪翻身！」

她果然翻身了，她考到了全級第一名！

「我終於透徹地明白，原來努力真的有回報。我從小至大，都在用不同方式追求別人的肯定，這一刻，我用自己付出的汗水去肯定自己，這令我感受到很大的鼓舞！」

美珩說，母親自小對她管教甚嚴，要求甚高，即使她考獲前十名，都會因為鄰居子女成績比她好，而對她的表現不滿意，這令美珩由小至大，都十分缺乏自信。多年的成長路，她不斷改變自己去迎合別人，去融入一個又一個希望歸屬的群體，心底裏無非渴望得到別人的接納與認同，以彌補從來得不到愛、得不到讚賞的遺憾。

其實，美珩的能力遠高於自己的想像。只要她定下目標，便能夠堅忍地咬着牙前進。看她這幾年的奮發，真的判若兩人，考校內試期間，其實她正面對着很大的壓力，依舊沉迷賭博的父親，又再欠下賭債，要到財務公司借錢償還，加上妹妹正結交了不務正業的男友，以致經常「家嘈屋閉」。她還試過被兼職的補習社拖欠人工，以致欠交學費，又試過考試只考了一小時，便得離開座位去上班！除夕夜，朋友都外出去倒數、去玩樂，她把自己關在家裏讀書，一邊讀，一邊眼淚止不住地流……

終於，A level 放榜了，她取得 1B2D1E 及其餘各科合格的成績，美珩很滿意，心想已經一隻腳跨進大學校門了吧？她快要成為大學生了，她的一切辛勞都變得有價值，她終於用雙手編織出自己的夢想！

● ● 大學拒收　晴天霹靂 ● ●

「誰知 JUPAS 放榜，竟然 no offer ！其實我已經選了一些冷門學系，因此簡直不能置信！那一刻的感覺，我的失敗人生又回來了！我問上天，是在懲罰我嗎？」她打電話回家痛哭：「阿媽！點算？我冇書讀啦！」

但美珩豈甘於此？入不了大學，她即時四出撲副學士學

位。她希望唸社工，一方面受到當時任社工的男朋友的影響，另一方面，也與她中六開始接觸到六四、七一等社會事件有關。

可惜，許多大專院校的社工副學士都已滿額，她承認當時實在是迫於無奈下，才選擇明愛。

「明愛的要求只是中五，如果要選明愛，我何必多唸那兩年？」當時她的內心真是「超級不情願」！後來明愛果然很快錄取她，因為「沒有人以這麼好的成績都會報讀明愛！」她笑說。

她回憶第一天上課，看見有同學「染金毛、講粗口、化濃妝」，心想，死火喇！這是一間怎樣的學校？難道自己拐了一彎，又再重回老路？

不過，經過兩年的學習，她口風大轉 180 度：「明愛是我唸書這麼多年來，碰到的最好的一所學校！」

她記得第一年上 self lab 課，每位同學都得交代自己的成長故事，她想不到自己的故事講完了，竟然有滿眶眼淚的導師過來給她一個緊緊的擁抱！

「導師說明白我走過的路很不容易。本來，我心底裏一直自覺比不上別人，想不到公開自己的故事，竟然得到全然的接納與肯定。

「我們這些中至低游的學生，其實最需要別人關心，因為最好與最差的，都會受到關注。但以前我唸的學校，從不會放我們在眼內，在明愛我得到了被重視及被肯定的感覺。」

對美珩最深刻的事件，發生於她唸副學士二年級的時候。某天她發現父親寫在一份馬經背面的遺書，大意是說，自己因賭博欠下巨債，對不起家人，叫家人日後好好生活。

美珩與母親大驚失色，偏偏四處也找不到父親，兩、三小時後，工友告訴他們，在地盤的貨櫃內發現她父親燒炭自殺，已把她父親送進醫院裏去。

猶幸父親最後被救回，原來父親欠下足足 50 萬賭債。美珩不知如何解決與面對，唯有求助於導師。她還記得，當時導師帶她到咖啡店吃蛋糕，不僅給她情緒上的支持，還切切實實教她如何處理事件，更讓她遲交功課，以減輕她的壓力。

「我記得有位導師自我介紹時曾說，自己本來是社工，入來明愛教書，因為知道我們這班學生是社會上不幸的一群，經歷一定有坎坷、有挫折，所以很願意入來幫助我們！這次事件，我真的感受到導師的關心！他們不只是口裏說要關心我們，他們真的在行動上做到了！」

導師對同學們的支持，不一定有困難時才「拔刀相助」。美珩也是社運的活躍分子，她在校內搞過不少活動，都得到導

師們與她分享策略與經驗，在明愛唸書的日子，美珩像為自己的夢想，找到最理想的土壤。

● ● 投身社運　推動改革 ● ●

其實她在未加入明愛前，已經活躍於社運。她唸中六時，四川的大地震震動了她的心靈，那時正是她開始洗心革面，埋頭苦讀之際，但電視上的畫面太震撼了！令她很想知道課本以外的現實世界。不久，紀念六四的召喚更令她好奇，她上支聯會的網站瀏覽，才知道有六四事件，在電腦前閱讀着歷史的她，淚流滿面。

「縱使6月5號要考試，前一晚我還是忍不住去維園參加晚會。坐在我前面的人，縱然跟我不認識，但會給我點燃蠟燭，為我開傘擋雨，陌生人之間竟可以這樣互相照顧，我真是從來沒有遇過！」

美珩心中的火燄也在那一夜給點燃了！

考試後，她連忙到圖書館找六四、七一等資料，她說，「好像踏進另一個世界」。後來碰上立法會選舉，她為立法會議員助選，當時，她還是助選團中年紀最幼小的一員！

就這樣，美珩開始派傳單、擺街站，接觸弱勢社群，接受

社會運動的洗禮。

「以前的我常常罵人，看見大肚婆行得慢阻住我，一樣照罵！地鐵叫我讓位？我會說讓你個頭！因此起初要我對着陌生人說唔該多謝拜拜，我覺得好辛苦！我是由那時開始，才一點一滴重新學習如何對人有禮貌！」

社運令美珩的人生有了改變，她以往覺得自己的人生很悲慘，但看到社會上許多基層人士的掙扎，她感覺自己的人生也有幸福的一面。她開始常常想，怎樣才能幫助到別人？這都播下了她日後成為社工的種子。

因此，在明愛的兩年學習裏，美珩有更多機會實踐自己的志願，她參加反高鐵、搞關注組，參加苦行……她希望喚起更多人的覺醒，與她一起參與改變社會。

今天，美珩已經當了社工，負責輔導邊緣青少年。青少年的許多問題，如逃學、打架等，她自己也曾是過來人，因此更能明白他們的困苦與無奈。今天，她仍然繼續參加社運。她滿懷喜悦地告訴筆者，早前曾申請到基金，搞關愛社群的活動，帶動年輕人用平等心，與一些弱勢社群如露宿者、拾荒者等，分享故事、分享物資，她繼續跑遍全港九，不過今次是帶着年輕人走遍十八區。早前她還跑去支持佔中的學生，每每陪着他們坐至凌晨四、五點才回家，翌晨八時又起來上班。

「數年前苦行時，朋友覺得我所做的沒有用處。但數年後的今天，身邊許多朋友們都開始醒覺，明白我們當天在爭取甚麼。所做的即使並非即時見效，但確實能一點一滴為社會帶來改變……前陣子與一些私校同學們敍舊，看見有些男同學在做地盤，有些女同學已經生了幾個孩子，我很感慨！我很高興今天我終於找到自己的角色，找到自己要行的路，而最重要的是，我得堅定保持着自己的心不變！」

美珩終於堅定了自己的選擇，她不再需要左搖右擺了！

我曾擔任美珩的 self lab 導師與班主任，我打算以不同方面來形容這名特別的學生。

堅強與倔強，坦然與坦白

美珩的外形乍看予人柔弱的感覺：長長的頭髮、白皙的皮膚、烏亮的眼睛，但其實，細看她的神情、嘴角、眼神，都流露着一種堅定與堅強。第一學期上 self lab 課時，每位同學需要在 10 至 12 人的小組內講述自己的生命與成長故事，想不到美珩與同學們即使還未彼此認識，她已經很坦然地交代自己的過去，一時間令大家錯愕不已！那時我已感到，這是一位很勇敢，也很願意面對自己的學生，能夠在這麼多初相識的同學老師跟前，坦白地說出自己陰暗的一面，殊不容易！其實她願意說出來，某程度上代表她已經接受自己的過去了，她的講述很令人感動，我也鼓勵她繼續勇敢地把人生路走下去。她父親後來欠下賭債，雖然對她造成情緒上的困擾，經過與她商討及分析後，她便懂得一步步按着方法去處理，務求盡快畢業找到

工作，紓緩家中的經濟困難，那時充份看到她堅強及理性的一面，縱然家庭事故對她帶來很大的衝擊，但她卻能鎮定面對，沒有很情緒化地處理問題。

愛家人愛自己，勤工作勤讀書

美珩深感母親要維持家庭一點不易，因此一直很孝順母親，常常掛在口邊的是，要好好回報母親，努力賺錢令母親過舒適的生活。母親叫她要好好照顧弟妹，她不但對同在明愛唸書的弟弟看護有加，看到妹妹交了不務正業的朋友，也盡心盡力軟硬兼施，以免妹妹走上她的舊路。

雖然起初她說不想入讀明愛，但入讀以後，她卻又很珍惜在這裏的學習機會。她自己很用功很努力，而對同學也熱切幫忙，她的英文水平較佳，但從沒有驕傲自滿，與同學們做 project 也能彼此合作。從明愛畢業後，知道她為自己的前途不斷努力，還再進修，完成唸大學的夢想！

不再迷失迷惘，為人領導領航

唸書的時候，已發覺她很有領導才能，做小組功課時帶

領着同學一起展開討論。記得有次去北京做學術交流，面對寒冷天氣，她與同學們全部一起戴上熊貓帽，既可愛，又突出，從中看得出她很有組織能力，維繫着同學們一致行動，把團隊精神發揮得淋漓盡致！

她的領導能力也展現在工作上。現時她做青少年工作，把當年像她一樣迷惘迷失的青少年，帶回到正路上來，而近年，我們有就讀社會工作高級文憑的學生更是她的受助個案，那位學生跟我們説，美珩一直很用心地幫助他們。能夠影響到案主唸社工，相信她這方面的工作，一定令案主十分感動！能夠令反叛的青少年重回正軌，那可以説是青少年們的人生領航員呢！

（導師：羅葉恩慈）

人到中年做社工

不像書中的其他個案，心盈（假名）沒有誤入歧途的過去，也沒有驚險跌宕的童年。

雖然只有中五學歷，但她憑着細心、幹勁，讀完商科後，在商界努力奮鬥，十年間做到一人之下的阿姐級，手握公司行政、人事、財務大權，正是有錢有權有地位，又得到上司信任，事業上極具滿足感。

直至一天，莫名的空虛來襲，因為，同事逢迎的背後，其實是「篤背脊」，而面對眼前「單起隻眼都識做」、熟習到完全喪失挑戰性的工作，她不斷問自己：到底做下去還有甚麼意義呢？

＊　　＊　　＊

　　一個偶然機會，她看見一則婦女機構徵求「朋輩義工」的廣告，一個念頭躍進她的腦袋：「整天都是錢錢錢，何不做義工幫助有需要的人？」

　　這份義務工作，幫助受離婚困擾的婦女尋求法律意見。一些離婚婦女會飽受情緒困擾，因此需要「朋輩義工」先疏導她們的情緒，釐清她們需要尋求法律協助的問題，才讓她們去見律師。想不到這份義務工作，心盈一做便無法割捨，一直由1997 年做到今天！

　　「原來這才是我想要的工作！」無數個晚上，當心盈踏出做義工的機構時，心，都是暖的。

● ● 找到內心的呼喚 ● ●

　　「說來好像很肉麻啊！」心盈笑着說：「即使在冬天的晚上，外面寒風凜冽，但我的心都是暖烘烘的。看見案主哭着來到我面前，但卻帶着笑容離開，那種反差與對比，令我內心的快慰與滿足，沒法形容！」那是多少金錢也買不到的。

　　心盈接觸的個案，林林總總，有被欺騙的，有被欺壓的，許多婦女由於知識不夠，不懂反抗，甚至傾訴無門，最後來到

心盈的跟前「喊爆」，哭如崩堤。她記得有名案主，剛做完大手術從醫院返入家門，除了要下廚煮飯給丈夫吃，還要不停被丈夫喝罵與羞辱！能夠幫助這些受虐的婦女們平復情緒，尋回公義，即使許多個晚上做到深宵才離開，心盈還是覺得十分值得。曾經試過有段時間，她日間沒有工作，更索性回機構協助接熱線電話，實在是全天候全情投入。

「這些工作讓我覺得生命有意義！」

那個年代，正值包二奶盛行，她接觸到許多家庭變故的故事，令她不期然「迷戀上家庭服務」，越做下去，越想增加自己的輔導工作能力，於是萌生了唸社工的念頭。

其實她初在明愛唸社工時，也只是抱着「不妨一試」的心態，想不到唸下去，卻越唸越開心。最難忘的，是其中一位很了解她的導師賜予她的一句說話：「漁網絲襪豁出去」！「漁網絲襪」是性感的象徵，導師的弦外之音，是勉勵心盈不妨大膽的豁出去，就像穿上她平時絕對不會穿的漁網絲襪一樣！

「老師覺得我思想很多框架、做事一板一眼，過於小心謹慎。」了解與關心她的導師借助這七字真言鼓勵她，要把懷抱放開。

心盈也承認，自己至今仍未能突破某些框框，例如，她內心不接受同性戀，所以如果案主是同性戀者，她做輔導的時

候，必須對案主的抉擇保持尊重，而且更要注意自己的言行，不要讓批判的心態不期然地流露出來。

心盈在明愛畢業取得 distinction 成績，但她不甘於領副學士的薪酬，於是膽粗粗報讀港大的社工學士課程！

● ● 由明愛到港大 ● ●

港大真的錄取她，以港大的嚴格收生標準，心盈是第一個從明愛徐誠斌學院（明愛專上學院前身）畢業而得到港大錄取的副學士！

她索性辭了商界的工作，轉到補習社任職，以便可以準時下班，但她忘了其實港大也頗「山長水遠」。她笑說，唸港大，最辛苦不是「趕功課」，而是「趕上課」！

「一星期足有三晚，黃昏七點從補習社急急離開，馬上坐隧巴到港大，沿途必定咬住個包！入港大課室一定遲到，有時下課後還要與同學們談功課，談到半夜才回家！」

同學們都是現職社工，更是 supervisor 級數，言談間甚麼 DECC，NEC 等社工專有名詞，她一概不懂，於是「暗啞底」逢週末在圖書館落力翻書，但求惡補追上。

她終於成功戴了四方帽，得到明愛家庭服務聘請為社工。工作兩年後，她再感覺自己的不足，又再上層樓去中大唸碩士課程。

　　「社會不斷變，所以要不斷學習。」訪問當天，她剛從理工趕回來，為的是向一位教授學習精神科的知識。

　　「好像躁鬱症、精神分裂等，有時也未必懂得處理 ……」精神科個案，以前都會轉介精神科醫生或臨床心理學家，大概今日這類型的個案越來越多，令社工也得參與處理。

　　心盈面對的個案，輕重不一，有患上抑鬱症的，有想自殺的，更有案主試過真的自殺，猶幸最終沒有踏進鬼門關！那名案主本是衣食無憂的「少奶奶」，因家庭變故被逼出來社會工作，可惜由於不懂與同事相處，既被上司逼迫，也被同事排擠，致患上抑鬱症，還有自殺傾向，心盈除了給她輔導外，還常陪她看醫生，最後成功令案主放開心懷，找到新的工作，抑鬱症也消失了。

　　「姑娘，我感覺到你很投入、很盡力！」心盈說，沒有比這些來自案主口中的說話，更令她感覺窩心，更令她感覺工作充滿意義。

● ● 解除母親批評的魔咒 ● ●

　　社工的知識，對心盈自己也有幫助。她終於從媽媽看自己的負面感覺中，解脫出來了。

　　心盈來自一個貧窮家庭，雖然是孻女，卻沒有嚐過「孻女孻心肝」的滋味，父親一天到晚外出工作，只有媽媽在家看顧兒女，她有一位比她年長兩歲的姐姐，而媽媽一向認為姐姐較能幹，常批評心盈「冇鬼用」，令心盈自小缺乏自信，凡事「求求其其」，反正做得好，媽媽也不會讚賞。

中五畢業，她去唸商科，也抱着苟且的心態，直至一次，她偶然用心做作業，竟然取得 100 分！才發現只要自己努力，一樣能夠像別人般取得成功。從那時開始，她 180 度改變，開展了她在事業上的努力與奮鬥。

但即使事業多麼輝煌，媽媽對她的看法，始終讓她介懷。直至唸了社工課程，她才明白到，媽媽的批評，其實只是環境的產物，窮苦人家掙扎求存，能夠幫得上忙的年長兒女，自然令父母感覺較「有用」。她不再怨恨母親偏袒姐姐了，母親的批評，不等同她真正的能力。

社工課程也改善了心盈的夫妻關係。以前她與丈夫有爭執時，總各不相讓，現在她明白了，心情不佳，惡言相向說的不是真心話，卻偏偏傷害了對方。所以現在她會率先收斂自己的怒火，不與丈夫硬碰。

「我告訴自己，我 EQ 比他高嘛！其實吵架時雙方不願收口，只會火上加油，如今只要不讓他的情緒有機會爆發下去，關係就不會受破壞。有時他發作過後，心裏不舒服，反而會跟我說對不起呢！」

現在，心盈的朋友也找她作情緒軍師。她也坦言有時拖着疲累的身心回家，還要輔導朋友至深宵，或者看到 WhatsApp 上，也是朋友在向她傾訴無窮無盡的大小問題，真令她身心俱疲！

「人世間的問題，總是沒完沒了，真是一波未平一波又起呢！」心盈笑說：「有時照鏡，看到鏡中人已變得不似自己，真的嚇壞了！」但當想到能夠幫助別人，是自己的福份，無論多累，她還是會抖擻精神去應戰！

　　「心理研究說，人的情緒智商，百分之五十來自基因，我想我的基因應該不錯吧！曾經試過同一時間，身負三個有自殺傾向的個案，雖然多少也受到對方情緒影響，但還算支持得住！能夠幫助案主解決問題，案主的整個家庭也會得益，想到這裏，更令我認同社工的工作。其實做社工既有糧出、自己又熱愛、又能夠幫助別人，還有甚麼比這更幸福呢！」有良好快樂基因的心盈笑說。

導師回應

社工其中一個重要的信念，便是相信人都有潛能，並可以改變。而明愛專上學院開辦教育，正是提供機會，讓有需要的人士得以進修，為本身的理想而奮鬥。心盈正好是一個現成的例子，證明提供機會的重要性。現時，很多院校對招收中年重新進修的同學都很有疑慮，擔心他們不持久，畢業後又可能不入行，浪費了專業訓練。但事實上有誰能肯定每個人的生命軌跡？年輕時的選擇，可能只是環境所限，並不是心目中的理想，而更現實的是，根本是沒有選擇，也不知道適合自己的是甚麼？心盈誤打誤撞，從義工服務中發掘出自己另外的一面，若沒有再次進修的機會，便可能只會是一位長期義工，覺得生命多了點意義。但再次進修，卻成為她人生的轉捩點。其實每一次收生，老師們都有很多掙扎，究竟是否應該給中途轉職人士機會呢？心盈的情況，卻告訴我們，second chance 的重要性。當然，若沒有足夠的鬥心和毅力，不成功的例子也有可能。但當中的學習與體會，也會帶來很多個人的成長。

不少人經常引述明愛服務中常提到的 3L 來描述服務對象的特性，意指 the least（貧乏的），the last（落後的），the lost（迷失的）。但這角度有點標籤性，從問題取向的角度，

將服務對象描述得相當負面，忽略了很多時是家庭、社會制度局限了人性與能力的發揮，將人定性，並將可能變為不可能。心盈的人生旅程，顯示出若環境能配合，奇妙的改變便可以開始，這亦是這幾年間明愛專上學院努力以充權作為課程設計的一個重點。而這個由開始出現中年危機的家庭主婦，因修讀一個被視為是掘頭進士的課程——副學士，而搖身一變成為一個提供危機支援的專業社工，是否一個活生生的案例，人生的可變性？

要改變成為可能，課程的設計已不再是針對個人問題取向以 3L 作為標榜，反而是如何創造一個能兼容並蓄的環境，讓有不同特色及能力的同學、老師共同學習；從心盈的學習經驗，可看到我們需要有擁有 3D 的環境，即包括一個能接受不同背景（Diversity）的人士學習的空間；課程內容能有彈性，可以涵蓋有不同學習需要（Difference）的同學；以及能針對特定群體（Division）提供的支援服務，讓個別對象可以有額外的資源，以應付特殊需要。

（導師：朱昌熙博士）

社工系逃兵

「他」們鍥而不捨通過不同途徑找我，我不接電話不回電郵，不是要躲開他們，而是自覺這麼差勁，他們還可以這麼體諒我，我實在無地自容！」

說這番話的，不是甚麼不良少年蠱惑仔在逃避關愛他的社工，而是明愛專上學院社會工作高級文憑的一年級生阿國（假名）在逃避關愛他的學院老師。他實習評分不合格，知道無法畢業，心情跌落谷底，索性人間蒸發！

其實，當時老師們已經為他的個案特別舉行了一次會議，最後決定再予他一次機會，是阿國自己選擇與世隔絕。

「我的羞愧感大於一切，我不知道如何去面對他們！」他
說。

其實，阿國一直是校內的「另類學生」，他外形特異：束
起辮子、穿着「板仔褲」、架着沒有鏡片的眼鏡，按他的說法，
是「行蘭桂坊一定比差人逗」那款，而警察查他身份證時，聽
說他竟然在唸社工，也會登時「O晒嘴」。只看外觀，他絕
對似被社工輔導的青少年多於去輔導別人的社工。當然，阿國
自己一定覺得「好型」才會這麼打扮，但看在經驗老到的社工
們導師們眼裏，他的這款「型格 look」，其實只是用來保護內
裏弱小心靈的盔甲而已。

阿國成長於小康之家，父親是公務員，母親是家庭主婦。
他自言一向與父母少溝通，而他們對他生活上的各種問題，也
少有給予意見，說得好聽是任他自主，但從另一角度看，毋寧
也是一種家庭關係上的疏離。

冰山以下　各有懷抱

但阿國其實一直沒有「學壞」，他自言在校操行未嘗低於
B+，因此亦從沒有接觸過社工。只是中二時的一個聖誕夜，

他與一班平時「不算很乖」的同學們，到海旁飲酒，卻沒有想到這班同學，整晚在借酒澆愁，叫囂發洩，還差點與人爭執，阿國才發覺原來這班快快不樂的青少年，都懷着各自的家庭問題，而最令阿國驚訝的，是這班平日「粗口爛舌」的男孩子，竟會多謝阿國聽他們訴心聲！

「那刻我的感受很大，從沒有想過他們有這樣的情緒反應。我感覺到他們面對的問題，可能每個人都有，只是掩埋在一座座心靈的冰山以下，外在行為表現其實只是『冰山一角』。社會上應該還有許多許多人需要別人的關心關注，這令我開始對做社會工作萌生興趣。」

阿國中五畢業以後，便報讀明愛專上學院的社工高級文憑。

「起初的我雄心壯志，入來明愛以後才發覺理想與現實是兩回事。」他笑說。

因為，實踐雄心壯志，背後需要堅強的意志力與執行力，但阿國自言「自我管理能力較差」，所以總在上課點名後，便走堂到隔壁電腦室玩 Facebook，然後自己安慰自己說：「下一堂才上還不是一樣！」當然，「下一堂」他還是會點名後去電腦室上網玩 Facebook，然後又跟自己說，「下一堂才上吧！」如是者，每個「下一堂」都變成自己對自己落空的承諾。

　　那時阿國為了有多點零用去花費，一邊唸書一邊在漫畫店做兼職，加上忙着與同班女同學拍拖，便試過凌晨兩點下班，還要幫女友趕做 project，然後翌日一早繼續上班，連睡覺的時間也不夠。這種學習方式，也實在太「遊戲人間」了吧？連他自己也說，「真係肥我都正常！」

　　上天是很公平的，「醜婦終須見家翁」，到社福機構實習的日子到了，他終於發覺「好大鑊」！因為實在甚麼都不懂。而第一天實習，他更因前一晚夜睡，不夠精神，居然以身體不適為理由請假，回家倒頭大睡！

他的時間管理也出現很大問題，第一次見實習導師已經遲到。而實習期間，每位學生都必須讓導師視察實習情況，他竟然是明愛專上學院社會工作高級文憑開辦以來，唯一一個斗膽不通知導師甚麼時候「開組」的學生，讓導師想視察也無從。

● ● 實習肥佬　依然故我 ● ●

實習期間，他還是每天離開實習機構便趕到漫畫店賺外快，終於在暑假實習完結前的一星期，還欠下二十份功課未交，他那時才擔心得哭起來！但眼見女友的情況與他一樣，他竟又索性「英雄救美」，「反正自己也做不完，好過兩人一起『攬炒』！」最後，他成全了女友，自己「壯烈犧牲」，實習宣告「肥佬」！

按校方規定，他還可以有一次機會，在第二學年的實習中爭取好成績補救，阿國心想：別怕，還有 take two ！

兩年來，阿國的導師都不知罵過他多少次，阿國自言一味面皮夠厚，只要罵不還口、保持沉默，對方很快便會收聲。有次導師問他有甚麼回應，他竟然叫導師下次不妨再罵得狠一點，因為自覺是那種「唔鬧唔得」之輩，還阿 Q 地說：「我不介意被人罵，因為導師肯罵自己，即是未放棄自己！」

可惜，無論導師多麼苦口婆心，阿國還是「意見接受，態度照舊」！第二學年的實習臨結束前，他又如去年一樣，許多功課猶未完成，於是，只好憑一些「表面證供」便為個案寫下判斷，沒有深層次去挖掘案主的心理狀況，或案主正面對的問題。

　　「我感覺自己好像在刻意地『屈』他，把所謂的『問題』塞給他……例如，來自單親家庭的案主其實只想要人關心，我寫報告時，便說他喜歡撒謊！我沒有認真探究他扯謊的背後原因，只憑他的表面行為去作膚淺的判斷。」

　　今次，雖然他交了功課，但最終仍是不合格。阿國情緒十分低落，因為，終於要面對真切又殘酷的現實！

　　「第一次實習肥佬，那時我感覺還有 take two，但今次再肥佬，便連 take three 的機會都沒有。今次是真的玩完了！」

　　不過，明愛的老師卻沒有放棄他，他們開會後，仍然願意予他一次機會，不斷嘗試聯絡他。

● ● 慚愧心起　只知逃避 ● ●

　　「他們如果罵我，我還好受一點，但我成績爛成這副樣

135

子，他們還願意體諒、不放棄我，我真的想找個地洞鑽進去！我不敢接電話，因為我實在不知怎樣再面對他們，我真是太無地自容了！於是只好選擇逃避！」當時連他校內的好友，也無法聯絡到他。

阿國窩在家中幾個月，無精打采，他自言不喜歡對人講自己的心事，而父母看見他那個「灰樣」，也沒有過問他的事。阿國自忖也不能這樣無了期「宅」下去，便在連鎖時裝店找了份銷售員工作，輕輕鬆鬆地過了一年，讓自己重新思考未來的路。

不過，其實他內心絕不輕鬆，因為，他不停地每天在捫心自問。

「我問自己：每月拿萬多元薪水，每天上班下班做同一樣的事情，過着公式化的生活，這是否我真正想要的人生？而且我本性又不喜歡跟人 social，因此我上班和下班以後，是兩個人！」

本來，他「計過度過」，做銷售肯定比做社工「划算」。前者多勞多得，收入與工作量成正比，而且放工回家便把工作放下，過自己的生活，不像做社工，工作量大，勞心勞力，付出與收穫似不成正比，回家還有數不盡的 paper work，更要唸書、熟習不同理論……

　　他索性辭去連鎖時裝店的工作，到了一家小型時裝店當銷售員，以便有時間與空間讓自己再想清楚未來路向。店裏無人時，他又重新把社工的課本拿出來看，發覺即使放下兩年，如今重新捧起課本，也沒有想像中困難。

　　雖然想到做社工會面對這麼多考驗與挑戰，但思前想後還

是發覺，做社工的那股熱誠，在心中仍未熄滅。

「我知道自己想從事一些人性化的工作，說得『行貨』一點，自己真是想做到『生命影響生命』。我想與求助者，一同度過他們的困境。」

終於，他發了短訊給以前的班主任，表達自己的意願。

他不敢抱太大期望，但想不到班主任與老師們為他的個案又再開特別會議，還叫他回校面見。以前的班主任要他寫一篇剖白，交代他這兩年的轉變。最終，阿國獲准回歸明愛的懷抱。

班主任語重心長地跟他說：「今次我再把學位給你，希望您真的有心機唸下去。」學位很珍貴，把學位給了阿國，便等同少了一個學位給其他人，暗喻阿國要好好珍惜。

「我其實沒有想過他們真的願意接受我回去。我真的感覺老師們原來從沒有放棄我，即使在我最失落的時候。」

於是他決心由第一年重讀，以便重新打好基礎。

「這是對人的職業，所以一定要把基礎打好，否則的話，我怕自己又會重蹈覆轍，所以我讓自己由零開始。」

● ● 改變自我　主動溝通 ● ●

　　一切由零開始的阿國，自感有了許多改變，其中最大的改變，是願意多開放自己與人溝通。

　　「以前在 self lab 課堂中作自我剖白時，我都只是講一些表面的東西，一點都不投入，但今次回來，我自覺真的要成長了。」

　　他自感有兩年在銷售的工作訓練，與人的接觸較多，比同班同學們成熟，因此與同學一起時，願意扮演主動的角色。

　　訪問期間，阿國從回巢起計已升讀第二年，他已順利通過了兩次實習。

　　阿國自言到底曾在實習這一關「衰過」，內心總有陰影，無論在課室裏與同學們相處時如何「也文也武」，到得去校外機構實習，信心又變差。但最終，他還是看到自己有進步，已經不是兩年前的自己。

　　「例如，我會跟自己說，如果想別人也向自己打開一顆心，那我是否也應該多點開放自己呢？實習時，案主在我面前分享自己的心事，所以我也開始分享一點自己的事情，這種分享，令彼此的心有交流、有互動。」

　　由連對着家人都不願講心事的阿國，變得願意與素昧平生

的案主互訴心聲，令他充份感覺到，以往自己只是懂得接受別人的關心，但現在卻能夠主動關心別人。

實習期間，另一件令他引以為傲的事，是他這個「遲到大王」居然一天也沒有遲到過。

「因為我是以明愛專上學院社會工作高級文憑學生的身份外出實習，我不介意『影衰』自己，但我不可以『影衰』明愛。」

其實，他今次做訪問也遲了大半小時才現身，而負責聯絡的導師們對他的行徑似已見怪不怪。他自承時間管理一向很差，所以如果他實習期間真的從不遲到，可以想見他對這兩次實習的重視程度，難怪他說：「在那裏跌低便要在那裏起番身！」

失而復得的學位，阿國固然珍惜，而最令阿國感受殊深的，是導師們的人情味。

「我知道，如果根據制度，我根本沒可能回來重讀。今次回來，一些以往曾教導我的老師跟我說，有問題可以直接找他們，我感受到那種關懷是出自真心的，他們都重視學生的成長，而不是只看成績。回到明愛，我有回家的感覺。」

因此，為了這班關顧他的導師，他不敢怠慢：「最重要是

自己的心態，否則，任何人想扶你一把都是徒然。」

　　已經順利通過兩次實習的阿國，對能夠順利畢業，信心滿滿，他表示日後想做青少年外展社工，還要是深宵出動那種。

　　「其實那些青少年並非如外界想像般差，他們只是被社會標籤了，大眾以為他們這麼夜還在街上流連，一定『好人有限』。但我們為甚麼不去了解一下他們的成長、聽聽他們的背後故事，而只是針對他們的表面行為？他們看來窮兇極惡，其實是一班乏人關心的弱勢社群，沒有人一出世便是黑社會。社會上太多人只懂看結果，而不去探討過程。」

　　且看這個社工系回頭浪子，將來能幫助到多少街上的浪子回頭？

導師
回應

教「好」學生？
還是把學生教好？

　　作為阿國以前的 Self Lab 導師，我充份看到阿國前後判若兩人的轉變。當然，決定讓他回來重讀，我除了與他深談過三次，要求他書面交代自己的心路歷程，也與校內導師們鄭重開會研究，才決定再把學位給予這個一度任性的年輕人。很高興知道我們沒有作錯決定，從阿國再回來後表現的學習態度，我們充份感受到，他真的知道要認真對待自己的將來。

　　本來，他已完成了一年級的課程，並取得合格，回來重讀可以由二年級開始，但他坦誠一年級是在渾渾噩噩中度過，必須再重讀才能讓自己打好基礎。最後，他第一年的成績有很大的進步，功課總是準時交足，許多導師都讚他明顯地成熟了。更感欣慰的，是他對於做社工，內心真的有一份熱誠，課堂上我們有討論、有練習，我們聽到他的分享，理解到他提出的不少道德價值，也與做社工的理念相符。我們沒有看錯人，他自

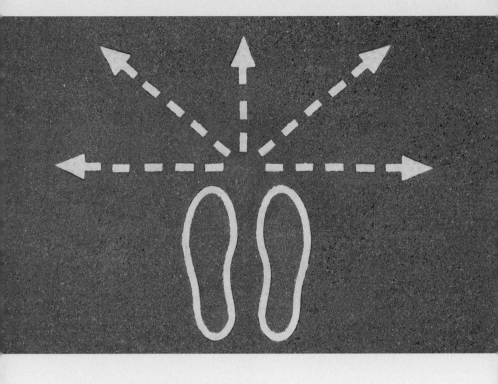

　己也沒有再浪費難得的學習機會。年青人，只要找到自己生命的方向，決心珍惜自己的前途，那轉變，是如斯巨大呢！

　　無論是作為社工還是教育工作者，我更深深體會到有教無類，把學生教好的重要性。

（導師：熊瑤英）

第二章

給年輕人的錦囊

真正的教育是甚麼？

　　本書所載的十多個故事，把這批青少年的學習經驗，活靈活現地呈現出來。雖然他們修讀同樣的課程，他們的體會卻都是很獨特的，反映出不同背景的同學，其學習體會並不相同。過去有說法指教師是「靈魂工程師」，令人以為教師只要按既定的程序，把安排好的課程內容教授，便能把學生教好，達到既定的效果。近年的教育改革，受到管理主義及效益取向影響，強調成果（outcome-based）導向，要求教師以學生為本，須要將教導、學習及評估緊扣起來，以確定能產生既定的成果。這幾年學院在推行社會科學教育時，從中的體會，卻與這些觀點有所不同。無論我們如何進行改革，令到教學內容更一致化、具體化、訂立可量度的教學目標、從成果導向來衡量課程結果，但實際上教學產生的效果，對不同的同學絕不一樣。從這些同學的學習經驗來看，反映出教學不單只是一個輸入、輸出及成果的簡單公程式；它更是一個互動過程，是老師與學生，以至教學環境彼此互為影響所產生的結果。而如何評估其成效，更不能以既定的單一指標作為量度。畢業，只能說明同學在一些指標上做到一定的程度；但這成果是受制於當時的學習環境，並不保證其將來能在另一工作場境同樣發揮。同理，

未能畢業，也不代表同學沒有學習，只是所強調學習重點的不同；也不能肯定其將來在另一個學習環境不能發揮。

因此，學院在為學生設定的學習目標及過程方面，必須具備一定的彈性及自由度，才可以令同學發揮其特性，達致因材施教。我們相信每一位同學的學習曲線（learning curve）並不是一條直線，而是千變萬化。怎樣令同學有所突破，讓其潛能發揮，令其學習曲線衝破某一臨界點，攀上某一階段，便是很重要的目標。從這本書的案例，我們看到師生關係的重要性，沒有「伯樂」，便沒有「千里馬」。同學能夠發揮，端賴能否得到認同，能否被接納；而學習能夠有所突破，更取決於我們是否可以不拘泥於既有的學習框架，從能力取向（strengths-based）出發，發掘他們的長處，衝破限制。事實上，本書的個案，大部份都不是成績最好的同學，他們的獨特點，便是能找出本身的強項，從而成就自己，這才是真正的教育，也是我們學院的使命。

另一方面，學院也致力創造一個多元的學習環境，以配合不同學生的需要。從本書的個案中，我們可以看到促使他們學習的因素，各有不同。有些側重同學間的互相支持、從同學身上學習；有些十分感激遇到的實習機構，讓他們懂得如何在真實的場境中生存；更有些從自我認識實驗課中學習放下自己，並在之後的課程重新建立自我，學習如何表裏一致。他們珍惜

的，不單只是老師的教導，而是在課堂以外的參與，與服務對象接觸、拜訪不同的服務機構、參與社會事件；以至與學院管理層的矛盾及爭取行動等，都是重要的學習經驗。學院深信視野的轉移（transformation of perspectives）是建基於實際接觸的經驗，而在創造經驗之後的反思（reflective learning）更是教育的精粹；只有經驗而沒有重構，是極大的浪費。而整理本書個案，便是一個活生生經驗重整的過程，從中更是鞭策學院如何莊敬自強，繼續與同學持續學習。

要秉承一個互動、多元學習的環境，學院並不要求所有教師具備同一特質，反而需要他們各擅勝場。而更重要的是能分享學院的信念，願意與同學教學相長。如果學院不能包容不同的理念，又如何能讓不同特質的同學，找到相應的伯樂？又如何能創造更多配合學生特性的活動，促使其學習？但從管理及組織運作的角度來看，這種組合卻可能會帶來不少的磨擦火花。除了內部矛盾外，有時更會與其他部門因不同看法而產生衝突，更會為建立更多因應學生特性而需要的彈性，要求學院改革，帶來很多嶄新的衝擊。也許

這就是社會科學院的特性！作為倡導批判思考的學術部門，建立一個「和而不同」的文化，從矛盾中學習，正正是我們的本質。也許讀者也能從這些個案中一窺不同老師的價值取向，從同學身上探索部門的特色文化呢！

十年人事幾番新，部門由起初的幾位同事，發展到今天接近四十位專業教學團隊；畢業生人數由第一屆的四十多位增加到現在的二百多位；並在未來邁向四百位。這成果正好反映出社會對學院的教育成果和畢業生質素的認同。要維持大眾的認可，學院必須堅持「自強不息」的校訓精神，並以成為學習型團體（learning organization）為己任。我們深信學習必須透過實踐經驗、並藉着社會互動而進行，而學院更要從學生的特性出發，創造合適的學習環境，促進彼此成長。學習不應只是規限於某一既定框架，而是從心出發，找出強項，將視野觀點提升轉移，已經可以說是成就學習目標了！

朱昌熙博士
明愛專上學院社會科學院副院長

身在 Goal 中
應知 Goal

　　很多年輕人在成長過程中會問自己一個的問題，就是自己未來的目標是甚麼。我們學院的同學，也不例外。這些年與成長中的學生接觸，他們對於自己的未來常有迷茫的時候，不知道如何在人生的十字路口作出合適的決定，我希望藉着這篇分享，讓他們有一些可以參考的小貼士。

Goaling

　　千里之行始於足下，既然我們談論的是目標，我就先以目標為開端。目標（Goal），按詞性來說是一個名詞，而不是一個動詞。也許正因如此，目標給很多人一種錯覺，以為重點在於方向、在於目的地，鮮有着重方法和途徑，這確實是無可厚非。難怪不少人常打趣說：「講就天下無敵，做就有心無力。」就是目標缺乏行動的配合，使目標變成一些空談，未能實現。然而，一個良好的目標，需要有實現目標的具體計劃，亦即如

何達成目標（Goaling），在英語文法中這是一個動名詞，包含實際的行動。不少年輕人都知道這一點，只是，很少人能有深入的覺悟，在訂立目標的同時，考慮自己能為目標付出多少，為理想能走多遠。其實，我們看待目標，應好像一套年輕勵志的電影《狂舞派》中的對白一樣：「為咗夢想，你可以去到幾盡？」沒有汗水、沒有跌倒，恐怕目標離我們仍然很遠。

Objective

　　在澄清目標並不是一件陳設品，我們必須全力以赴之後，當我們嘗試訂立目標時，則需要注意目標的客觀性（Objective）。或許你會問，目標不是很個人的嗎？個人的目標無疑是十分個別化的一件事情，不過，我們在訂立目標時不能因此就可以隨心所欲。客觀地分析自己的條件尤為重要。而在分析之前，首先，一個非常重要的先決條件是自我認識。你自身的優勢是甚麼？你的不足之處在哪裏？甚麼事物能夠鼓舞你？有甚麼是你感興趣的？這都是訂立目標中十分重要的。特別是興趣這一環，這是我們在實現目標過程中重要的養份。須知道好的目標並不是唾手可得、一蹴而就，相反，一個目標往往需要我們持之以恆一步一步地實現，而過程中又有不同的因素、挑戰，需要我們一一克服。故此，對自己的認識，從而發

現自己感興趣的方向，客觀地訂立目標是另一個重要、不可忽略的要素。

Achievable

目標既然是需要以實際行動來實現，亦需要客觀地根據自己的認識和興趣去訂立；所以，訂立目標另一個重要的要素就是目標是否可以達成，一個不能夠達成的目標是沒有任何意義的。一個目標最終能否得以達成，取決於我們能否把目標仔細區分成一個又一個的小目標，然後按部就班的把一個又一個的小目標達成。舉個例子，同學畢業後若想從事家庭輔導服務，則他需要認識家庭輔導服務的工作情景。故此，在實習安排方面，同學如能累積家庭服務的經驗，將會是一大優勢。另外家庭服務處理個案和小組活動的機會相對多，所以，選修相關的科目亦有助同學提升自己的實務能力。而由於家庭問題的複雜性，同學在提升自己的社會經驗之餘，亦可以多閱讀和多看電影，來增加對人的本質、人際關係、社會層面的了解。這樣，一個宏大而遙遠的目標，可以通過細小的規劃，逐步實現。

Link

　　這幾年與學生接觸，發現學院的一群年輕人的求學態度都非常積極。也許，這與我們學院的辦學理念有關：為 3L 的一群年輕人，提供一個學習進修的機會，讓他們有機會提升自己，發揮所長。只是，一些年輕人有時候會顧此失彼，未能做到瞻前顧後、環環緊扣。已故蘋果公司總裁 Steve Jobs 有一篇著名的演說。當時，他應邀到史丹福大學與應屆畢業生分享。他提到一個要點，我稱之為點線面。其大意是我們要反覆生命的每一個歷程，然後把這些點滴串聯起來，這樣，我們的人生的目的就會慢慢浮現出來。這種前呼後擁，對我們學院的年輕人是非常重要，就像一個船錨，把船穩定地停在目的地，不至於迷失於海浪中。

　　天下無難事只怕有心人，希望以上的分享，可以給年輕人一些參考、借鏡的地方，讓他們可以在成長路上，有一些導航的作用，使他們不會走冤枉路，可以盡情享受沿途的美麗風光。

陳偉業
明愛專上學院社會科學院講師及實習協調主任

超越高牆，
豈止個人努力

重燃自己人生，照亮別人生命

　　書中主角，由公開試失敗至重拾理想完成社工夢，到誤入歧途至重歸正路，甚至有的因身患重病至堅持成為助人者等等，這種種的故事都將人的潛能和努力盡顯無遺。人透過努力改變命運固然很值得欣賞，但在個人努力的背後，我們卻不應抹殺故事主人翁在社會上所遭遇的弱勢和結構的限制。下文將會嘗試剖析故事中主角的弱勢情景，好使當中所凸顯的個人努力變得更立體，他們的努力不止於是改變個人的厄運，而是抗衡着很多社會性的歧視、壓迫或制度性的不公。

在主流教育制度中常被忽視的少數族裔

　　雖然少數族裔佔香港總人口超過六個百分比（統計處，2011），然而香港至今作仍缺乏中文作為第二語言學習的教學和學習配套。過往很多少數族裔學生在指定學校（designated schools）上課，而指定學校所提供的中文課程或學習機會是極之有限，最終導致很多少數族裔學生在中學畢業時的中文水平可能僅有初小程度，在缺乏中文能力和學歷的情況下，令少數族裔將來升學或就業的前景受到嚴重影響。

書中提到香港首位印裔社工 Jeffrey，他在完成中學後正正便在這樣的背景下對前路感到迷茫，因而誤入歧途，在邊緣生活中確認自我。慶幸他後來在社工和家人的支持和鼓勵下，重拾人生方向，並考入社工課程。這個看似是一個個人勵志故事，當中卻不難發現故事主角在學習過程中因其種族而遇上的結構性障礙；缺乏中文學習機會，影響中文能力，繼而妨礙升學或就業。

這些結構性障礙並不因他入讀社工課程後而消失；在香港大部份的社工課程都會包括與中文相關的學科，若要求中文能力較弱的少數族裔學生在這些科目中取得合格，變相又是將他們置於極不利的處境中。雖然最終學院也能向相關部門和註冊組織爭取到，讓少數族

裔學生修讀其他通識科目以取代中文科目的安排，掃除阻礙畢業的一大因素；然而他們在一個以中文為主的社會背景下學習和工作，每天也會遇上不少的挑戰。

　　縱然到現在香港政府已推行融合教育多年，讓少數族裔學生能進入主流學校讀書，跟華語同學一起學習中文；但中文始終不是他們的母語，再加上一般都缺乏中文的語言環境學習，若沒有足夠學習設施、教學工具和人員培訓的配套，這樣的融合教育只是變相將他們置於學習的底層，甚至被塑造為「失敗者」，在社會中弱勢的處境亦將會持續。

負面標籤如同無形高牆

　　對於一些曾經「曳」過壞過，甚至是曾有案底的學生，他們的奮鬥故事並不是決心改過自新，堅持正路如此的簡單；在轉化過程中所遇到的負面標籤或歧視目光是值得我們注視的；因為這些負面標籤和歧視經常猶如高牆般，阻隔希望改過自新者獲取生活資源和機會，甚至造成他們與社會隔離。

　　有曾誤入歧途的學生，當決意重新做人後，處處遇上的很多時都不是接納與包容，而是冷漠與懷疑，有的甚至連至親也不相信會改過。「壞人」、「無用的人」或「失敗者」等標籤

除了影響他們與周邊人互動，造成隔膜；無形的高牆也隨之而築起，阻隔了他們與不同網絡的聯繫，也令他們難以在聯繫過程中獲得支援，為自我改進注入新能量和資源。

此外，上述負面標籤也會成為烙印，深深影響被標籤者的自我形象，時間久了，也許會相信「自己沒有用」，甚或是「無可救藥」，這些負面評價，會將個人渴望變好的內在動力逐漸消耗殆盡，高牆恍似越發增高，要跨越高牆，脫離邊緣生活，着實是談何容易。

最後，從書中數個故事中可見，真正的包容接納，掃走偏見和歧視，才能將高牆融化，讓人在肯定中重新得力，帶着勇氣與希望，昂首向前，變得更亮更強，這樣不但可以重燃自己的人生，更可照亮別人的生命。

是身體限制還是社會限制？

患病或身體缺陷的確對學習造成很多不便；孱弱的身軀，散渙的精神，甚至是服藥後的副作用等，都令病患者難以專注於學習，這些都可以說是身體上的限制，若非超凡的個人意志，實在是難以克服。然而，有些疾病可能會衍生出某些身體缺陷，因着這些身體缺損所造成對學習上的影響，到底是個人

身體的限制，還是社會限制呢？

　　正如書中阿德的經歷，他因着白化病而患有弱視；弱視當然是一種個人身體的狀況，但基於這身體狀況所造成的不便，其實是可以透過身邊支援和環境設施配套來解決。如在上課時預留較前位置、將筆記內容放大、標示設施的名牌或路牌等要清晰可見，這些措施或安排有助處理因身體限制而造成的不便；當然，同學的支援和接納亦是非常重要的。

　　因此，我們可以看到面對身體限制的學生，有部份限制實非來自身體，而是環境設施甚或是旁人的不友善；若能提供友善的環境及同儕的支持和接納，他們在學習上所遇到的不便定能大大地減少。

個人 Vs 集體

　　書中不少故事讓我們看到個人努力再配合環境支援，可能有助超越很多社會結構限制，扭轉弱勢，達成理想，但這並非是必然的結果；在面對結構障礙時，個人很多時都會變得極之微小，集體卻會令超越障礙的力量變得更加堅固。作為社會工作者的我們，挑戰社會不公義和社會結構制度對人的限制，並嘗試聯結集體力量，努力消除或緩解這些限制，是我們的使

命亦是應有之義；作為社會工作教育工作者，為不同需要處境學生創造友善的學習環境，以身教體現對多元處境的接納，也是一種社工價值的具體實踐。

　　盼望社工教育可做到的，不只是知識的傳遞，當中必須要包括價值理念的傳承；在我們相信人有無限潛能可作出改變的同時，我們亦要注視、挑戰和扭轉在自身處境、工作環境或服務對象生活中所遭遇的社會結構障礙和不合理對待，以期合力創建公義平等的社會。

霍婉紅
明愛專上學院社會科學院前高級講師

第三章

社工之路

——導師分享

意外發現
(Serendipity)

　　相比起由「社會科學副學士（社會工作）」演變成的「社會工作高級文憑」，「社會科學榮譽學士（心理學）」可算是一名嬰兒。這名嬰兒最特別的地方是它不只包含我們學院擅長的社會工作訓練，還添加了心理學和社區研究兩個新的主修學科。

　　在這初起步的階段，的確，很多情況下都是摸着石頭過河。例如：如何幫同學界定自己的身份認同？修讀學士學位的學生中雖然不乏有志於心理學或社區研究，但也有不少同學對自己的出路很迷茫。始終，修讀社會工作的同學將有「一牌在手」，而心理學或社區研究的畢業生未必即時會有明確的職業導向。因此老師們其中一個挑戰就是如何能讓學生培養出對自己修讀科目的興趣與熱誠，讓他們不至於質疑自己當初選科的決定。我們相信，只要同學們讀得有興趣，必能發揮自己的小宇宙找出自己應走的出路。

　　有見及此，於課程安排上所有主修學科都設有實習機會讓

同學把理論於現實中實踐，這些經驗正好讓同學找出自己的長短處。其中讓我印象深刻的是一位於嚴重及多重弱能學童為服務對象的特殊學校中實習的心理學學生——力仔——的成長歷程。

力仔於實習後一個星期唯一的感覺是不知所措，有感於主修心理學的三年多中所學的理論無一能運用在他的服務對象身上。他們只是一群「不受控」、「未能溝通」的野孩子。這一切的「不能預測」都挑起力仔的危機感。對着那些有智力問題，或有社交障礙的小朋友時，一向完美主義的力仔只感迷惘，並時刻憂心着將不能完成實習的功課要求。

　　於每週的督導過程中，力仔都有很多反思。他反思的不只是如何可以把學過的心理學理論應用在他的服務對象身上，還有他面對困難時的反應是如何反映出力仔自己的心理狀況。廿幾年來，他第一次「發現」自己是個固執的人（以往家人及朋友告訴他，他是如何的執着時，力仔總覺得是別人不了解他）。而這份固執往往會令力仔不能好好把一件事情完成。

　　力仔對自己的覺察讓他明白並接納自己，同時也學會了接

納那些他原本認為是野孩子的服務對象。在力仔最後一份的日誌中，他提及到實習讓他學會了接納不完美的自己，他也感謝所有啟發他有這份覺察的人，包括他服務的孩子。力仔發現原來要運用心理學理論並不是一件困難的事，他自己就實踐了正向心理學有關感恩的理論。這經歷讓他體現到課堂上教的並不流於書本中，也不等同於他最怕閱讀的心理學期刊中的研究報告。

力仔剛於兩星期前完成了四年的榮譽學士學位，實習的經歷及成長是他始料不及的。他以為實習就是把理論應用於實習處境中，殊不知他的「應用」，竟是用於自我發掘。本來對一切未知之事也感不安的力仔，正積極地開放自己找工作，他慶幸心理學的範疇是如此多樣化以致不論他將找到甚麼工作，也能學以致用。

見證力仔的成長是我作為老師的最大鼓舞。當有學生沉醉於心理學研究時，也有學生傾向於應用心理學，力仔讓我們知道多元化的課有助不同的學生找出他們的興趣，憑着此興趣他們必能慢慢走出他們想行的路。

黎婷筑
明愛專上學院社會科學高級講師

十年課程幾番變

　　變幻原是永恆？過去十多年，明愛專上學院的社會工作訓練課程經歷多番改變，唯一不變的是我們的使命與信念。在2004年，明愛徐誠斌學院社會科學系（本學院前身）籌備了一年多的「社會科學副學士（社會工作）」課程，正式在牛津道招收第一屆兩年制全日制學生及一年制基礎課程學生。首年分別收取了46位一年級新生，及25位同學入讀基礎課程。為提供更多選擇，學系於翌年開辦了彈性修讀模式，共計有33位同學入讀。為配合同學需要，學系於2009年開辦了兼讀制課程，以取代彈性修讀模式。隨着高中及高等教育學制改革，學系於2012年改為開辦社會工作高級文憑課程，以確認課程培養專業工作者的使命。隨着學院的整體發展，學系的上課地點也於2007年由牛津道遷往堅道，並在2010年遷至現時調景嶺校址。學院更於取消開辦學士課程的資格後，在2011年更正名為明愛專上學院，為未來成為天主教大學鋪路。基於社會的需求不斷增加，收生人數亦調整至全日制課程新生120人，兼讀制60人。而「社會科學系」更於2014年易名為「社會科學院」，標誌着一個新里程的開展，教職員也由6位增至現時超過30位，除高級文憑課程，也開辦學士學位課程。

　　從副學士至現時高級文憑，社會工作訓練的課程內容亦幾經修訂。早年的課程會開設基礎學年供未符合一年級入學資格的同學入讀，其後基礎學年隨學制改革而停辦。學系亦集中資源開辦社會工作高級文憑、人本服務高級文憑及社會科學（榮譽）學士學位課程等，讓同學有更多元的升學階梯。至於課程內容也推陳出新，將部份科目合併，好讓同學有更多空間去修讀語文及通識課程。課程亦每年作出微調及優化，以協助同學有更佳的學習經驗，培訓成專業的社會工作者。

在這十多年，課程內容一直配合社會發展，力求與時並進，並增加了很多課堂以外的學習模式，以全面滿足不同學生的學習需要。雖則如此，學院在各課程中，都在在體現學院的核心價值——「充權」與「公義」。學院致力將此兩個概念貫穿各個學科，並結連課堂以外的活動。同學可以從入學初期的「社工使命啟航營」中，體驗社會制度的不公平，檢討本身的價值取向；更藉「社會體驗計劃」了解社會實況；並從內地及外地交流團認識其他地方的福利制度。而透過「學本友導」或「輔學計劃」，同學更可以與資深前線社工建立關係及了解社福機構運作，為實習作出準備。社會科學院及院內學生組織亦不時舉辦講座、分享會、社區探訪、社會參與等，豐富同學多方面及多層次的知識及經驗。現時，不少畢業生已經完成碩士學位課程，也有一些正擔任隊長及主任的崗位，在業界初有成就，並在不同場合分享本身的專業發展經驗，課程發展至今可算是日漸趨向成熟。當中除了老師的努力外，更重要是同學的參與，以及畢業生對專業的委身。學院深深相信，要培育新一代，如何能令同學在實際環境中敢「夢」，實踐理想，至為重要。

展望未來，社會工作高級文憑課程仍會是學院中一個重要的課程。在一群經驗豐富及投入的老師教導下，每年的畢業同學除了具備社會工作知識及技巧外，亦必須秉持社會公義，願

與弱勢社群共行充權，並守護他們權益。不論你是過去、現在、或是將來明專的學生，抑或是與我們分享共同價值的一員，希望你也願意為充權、公義及弱勢社群而努力！

賴建國
明愛專上學院社會科學院高級講師
社會工作高級文憑（全日制）課程主任

活出甜美人生

在一個「自我認識及成長」的項目分享會上，有兩個穿着便服的年輕人，一個看來輕鬆隨意，姿態較為大剌剌，而坐在他身旁的是一個身形瘦削、樣子帶點多愁善感的同伴。

「我認為自己在出生以後，便要面對社會。我就似在足球場上跟曼聯對壘，對於一些既定的社會制度，我難以反抗，兩者無疑實力懸殊，根本『無得打』，但我還是想要努力裝備自己！」魚蛋同學說時雙眼炯炯有神，一副蓄勢待發的樣子。

在旁的 Tony 抿着嘴，細心聆聽同伴的發言，然後緩緩地回應：「就以魚蛋提出的足球賽做比喻，我想我的角色和他有所不同，我像是場內的球證，我並非想要對抗甚麼，而是希望自己有能力判斷一些事情的是非、對錯⋯⋯不過有時我仍會感到迷惘⋯⋯我會想，我的思想是否早已被灌輸、受影響呢？」⋯⋯

在會場內，兩個性格迥異──一個勇字當頭，一個含蓄腼腆──的大專二年級學生侃侃而談，分享他們對生命、對「人在江湖（社會）」的立場和想法。

＊　　　＊　　　＊

　　在成長的過程中，人難免會對自己的生命價值、人生定位等滿載問號。在校園裏有不少像魚蛋和 Tony 的學生，他們一方面要努力應付讀書的壓力，另一方面也在竭力思考人生的議題。對剛入學的大專新生而言，他們大多在學業上歷經挫折，有部份更面對各樣的生活難題。他們有的連對自己的認識也有限，更遑論計劃將來，找到適合自己的路向。而同樣的路，魚蛋和 Tony 在一年前也是這樣走過來。

＊　　　＊　　　＊

尋找自我，可以說是人生的一大任務。對大專生而言，這也是成長中必須要學習的一課。在校園裏，魚蛋和 Tony 透過參與自我認識及成長小組，得以重新審視對自我的理解。在相關的課堂裏，同學得以掌握對自己和自身所處的環境的認識，並整合對自我的觀感。

　　經過在一年級時進行的一連串自我認識活動，魚蛋和 Tony 這兩位年輕人漸漸蛻變、成長：魚蛋在考慮自己的個性後，於一年級下學期毅然由設計課程轉讀人本服務課程，希望能透過學科，發揮自己喜愛與人交往的特質；而 Tony 亦逐步擺脫過往沉默寡言的個性，成為一個願意開放自己、以自己的生命故事啟發別人的男生！

＊　　　＊　　　＊

　　在一次面談中，Tony 被問到校內的自我認識及成長小組為他帶來的轉變，他提到：「從中我有很大的改變……雖然那並非參加小組後即時性、明顯的效果，但在參與後，它能讓我有所反思。以最近一節的工作坊為例，在活動中，我們要以咖啡豆的數量代表個人的優點，將咖啡豆放進一個屬於自己的小袋裏。那一刻我對自己的正面評價很少，於是我把三、四顆咖啡豆放進去。令我意外的是，其他同學將很多咖啡豆放進我的小袋。過去我對自己的認識是：我只有很少優點，卻有很多缺點，但原來在別人眼中，我有多樣的優點。工作坊結束當日，

我再次反思自己的長處，這大大開拓了我的思考空間。以前的我自卑感重，認定自己一無是處：『我沒有甚麼做得到。』但在參加小組以及在其他因素的互動下，我看到它對我的正面影響是很深遠的。」

　　正如 Tony 的親身經驗，自我認識和成長是持續的。在人生中，每個人也在不斷地探索。在校園生活裏，學院的教職員也樂意陪伴及見證同學的蛻變，希望每一個年輕人也能譜寫出美麗的新一頁。

葉寶娜
明愛專上學院社會科學院講師、
人本服務高級文憑課程主任

WhatsApp 與教學

現在的青少年都是機不離手的，WhatsApp 與 Facebook 成了他們主要的溝通工具，近來還有 Instagram；當然，也成了我與同學們之間的聯繫工具。

我們不少同學，都成長於比較艱苦的環境，他們生活上有難題想找人解決，或有情緒想找人傾訴，夜闌人靜時，會更感缺乏支援，因此通過 WhatsApp 去聯繫導師，便成了他們求助的一個重要途徑。同學的訊息，背後不時會有可以繼續探索的空間。例如，他們晚上發來一個 WhatsApp，説想找家庭服務的資料以解決家中問題，那令我意識到，背後可能一些事情想找導師協助，我也會乘機探問他們的近況，誘導他們説出當時內心的困擾，如果一些問題能夠在 WhatsApp 討論中處理到，我會即時協助他們處理；當然，如果發覺問題必須當下討論解決，那就再致電傾談，或約時間回校面談，協助他們尋找社會資源，盡早解決問題。所以我把 WhatsApp 的文字放至最大尺寸，方便頻繁的 WhatsApp 訊息往來，此舉引來學生取笑；而在協助學生之時以 WhatsApp 用文字交流，其中一個好處，是讓我可以有空間思考，找到最適合的方式去作回應及協助。

　　WhatsApp 群組也具有長遠而非一次性的用途。當日開群組，是方便 self understanding lab 課堂小組的同學彼此聯繫，後來 self understanding lab 課程完結了，群組也保留下來。又後來，每一屆關社組的同學也會另開群組，除了有助在會議之外保持討論氣氛，還增加彼此互相支持，方便學院的活動宣傳，到他們需要組織活動，例如天氣寒冷時組織關懷弱勢社群的「送暖行動」，群組也可發揮「一呼百應」的功能，導師也可隨時在群組內提供意見，與同學們商討做法，適時給予回應，令事情進展暢順，事半功倍。現在我手機上已有 30 個同類型的群組了。

　　另外，我也開了 Facebook，並且叫同學們加我為朋友，我也不時在 Facebook 分享自己的一點個人生活，好與同學們拉近距離。透過 Facebook 看到同學們的生活近況，看到他們的開心與不開心事，對課堂外的他們也就增加了解，平時在 Facebook 與他們多點互動，到有需要時去支援他們，也就容易得多了。若他們遇到很大難關時，我會在 Facebook messager 內，再私下詢問詳情，鼓勵他／她向信任的朋友或老師求助。因此網上平台有助現時的我跟學生的交流及增進了解，最重要透過虛擬世界令我跟他／她們連起來！與時並進是必須！

羅淑玲
明愛專上學院社會科學院高級講師

導師簡介

朱昌熙博士

　　明愛專上學院社會科學院副院長。香港大學社會科學學士及碩士、香港公開大學教育博士。自 2004 年社會科學系（社會科學院前身）成立時已加入為成員，除教學外，亦參與學院管理、課程設計和評審等工作。多年來見證學院的發展和學生的成長，體會到教育工作並不是一蹴而就，而是需要深耕細作；其過程既痛苦又快樂、既付出又得益。在從事社工教育專業前，曾服務社區發展及兒童院護工作多年，相信每人都有能力、參與必可帶來改變。

吳海雅博士

　　現職明愛專上學院及明愛白英奇專業學校學生事務長，明愛專上學院人文及語言學院助理教授，愛、婚姻及家庭研究組統籌主任，註冊社工、性治療師、身心靈全人健康執行師及體感治療師。2010-2015年期間曾任明愛專上學院社會科學院講師、高級講師及助理教授；除投身學生事務、任教通識教育課程，及着力研究工作外，吳博士亦為報章及雜誌撰寫性教育文章，並接見本地及外國人士性治療個案。 另外，吳博士亦為現任香港性教育研究及治療專業協會會長， 明愛全人發展中心高級培訓及輔導顧問。

陳偉業

　　現職明愛專上學院社會科學院講師。香港中文大學社會科學學士及社會工作碩士，香港理工大學社會工作深造文憑（家庭為本社會工作）。畢業後從事兒童及青少年中心工作、學校社工服務及家庭輔導。其後在內地督導社工、提供實務培訓及進行服務評估。同時，在中港兩地分享專業文章，參與編著《學校社會工作實務手冊》及《相入非扉：攝影為本活動與社工介入》和翻譯《照顧兒童及其家庭之多元家庭小組工作手冊》。

葉寶娜 (Mickey)

現職明愛專上學院社會科學院講師及擔任人本服務高級文憑課程主任。畢業於香港中文大學,獲社會科學學士學位(榮譽)及哲學碩士學位,主修心理學。

為美國禪繞畫認證師、OH卡專業啟進師及認證筆跡分析師,亦曾接受其他專業訓練,包括 MBTI Step I and Step II Certification、九型人格高階課程、藝術治療、綜合調解員培訓及特殊教育輔導等。希望能透過所學,幫助身邊人認識自己,提升自我。

熊瑤英
（Angie）

　　現職明愛明愛專上學院社會科學院講師及社會工作高級文憑課程（全日制）實習協調主任。畢業於香港理工大學應用社會科學系，後取得社會工作碩士。從事家庭生活教育、婚姻及家庭個案輔導工作多年。與人合著有《單身一族活動資料彙編》、《婚姻蜜語》漫畫、《夫婦情繫赤子心》教材套、《讓孩子安全地成長》跳棋，及 Quick Reference in Handling Cases Affected by Extramarital Affairs 等。

鄧志榮
(Rigo)

　　現職明愛專上學院社會科學院高級講師。早年於香港理工大學取得社會工作文憑及社會工作學士學位後，一直從事復康服務，主要服務對象為視障人士、肢體殘障人士和聽障人士等。其後於香港中文大學取得社會工作碩士學位後，開始專注於社會工作的訓練和教育。有感於人口老化為社會工作帶來的挑戰，2016 年於在香港中文大學完成老年骨科學理學碩士學位，希望能夠為日後的社會服務工作和社會工作的訓練及教育，提供更好的質素。

黎婷筑博士

　　現職明愛專上學院社會科學院高級講師。主要教授心理學科目，常與學生分享在醫院做輔導工作時的個案，並喜歡運用榮格（Carl Jung）的分析心理學於兒童輔導上，也經常以沙池治療、遊戲治療或藝術治療去處理個案的情緒問題。黎博士為認可的特殊需要青年的靜觀導師。公餘時喜歡畫陶瓷畫及練習瑜伽。

賴建國

現職明愛專上學院社會科學院高級講師及社會工作高級文憑課程（全日制）課程主任。畢業於香港城市大學及香港理工大學，獲社會工作文憑及社會工作學士榮譽學位，並於英國格拉斯哥大學取得都市政策及實踐碩士。過往長時間關注社區發展、市區重建、房屋政策等議題，近年主力倡議舒緩劏房政策，要求政府制定中短期措施。著有《遠水難救近火:〈長策〉如何解決舊區劏房探索》、《社區工作介入理論新方向的一點觀察》、《從香港地產公司聘請社工說起》、《服務資助者、服務提供者與服務受眾的關係反思》，並經常出席各類論壇、傳媒訪問及節目談論香港房屋政策。

霍婉紅 (Doris)

現於香港城市大學進修，明愛專上學院社會科學院前高級講師，畢業於香港理工大學應用社會科學系，後於加拿大多倫多大學取得社會工作碩士。過往曾於不同基層／弱勢社區從事社區發展工作，致力推動社區／組群內各持份者的參與，運用自身資源和力量，回應社區／組群需要，推動社區／組群邁向正面發展。著有文章「家庭照顧社會化」、「反性暴力運動策略的解構」、「從網絡建立至生命轉化」等，並曾與人合編《女人都是萬能俠》。

羅淑玲

現職為明愛專上學院社會科學院高級講師。於香港城市大學修畢社工文憑，在香港大學獲得文學院學士，及後在香港理工大學應用社會科學系取得哲學碩士，過往曾於不同基層／弱勢社區從事社區發展工作，亦曾擔當社會運動團體的總幹事。在學術研究方面，多關注女性的身體政治、少數族裔的生活困苦、大專教育與社會流動的關係。

羅葉恩慈

　　明愛專上學院社會科學院前講師。畢業於香港大學社會科學系，主修社會工作。後於美國聖路易市華盛頓大學取得社會工作碩士及香港科技大學取得工商管理碩士學歷。過往曾於香港、美國及中國大陸從事社會工作的前線務實工作及社會服務組織的行政管理工作。務實工作範圍包括青少年外展服務、家庭服務、精神病患者復康服務、長者院舍服務等。

明愛專上學院社會科學院

簡介

為培育學生在知識和個人方面的發展，社會科學院開設的課程致力為他們提供全人教育。該院的講師除擁有豐富的工作經驗外，更具備不同社會科學領域的專門知識，包括社會工作、社會學、心理學和文化研究等。他們對追求卓越學術和專業發展充滿熱誠，與此同時，也專注於提升學生的知識和良好品德水平。本學院與社會服務界的專業團體和機構維持良好關係，希望藉此能夠為學生提供有效支援和提高他們畢業後的就業機會。本學院與其他本地和海外專上教育機構也保持緊密聯繫，為有志繼續進修的同學提供更多不同升學機會。

我們認為學習不應只局限於課室之內，更應延至社區中。因此，本院致力創造一個讓學生能在校園以及真實場景中學習的環境。透過社會體驗計劃、交流項目、社區及機

構探訪等，學生可以獲得不同的學習經驗；並藉着實習，學生
得以在現實世界中學以致用。社會科學院期盼能建立一個學習
型團體，建立師生間的緊密關係，令老師和學生共同學習，一
起面對在快速改變社會中的挑戰。

社會科學院格言

我們要培養學生成為光亮，堅強的一群。

我們要以生命照亮別人，達致自信、自強、自立。

在逆境中昂首闊步；

在迷失中抓緊方向；

在孤單中堅守信念。

更亮！更強！

www.cosmosbooks.com.hk

書　　名	來自凡間的天使——十個蛻變的故事
作　　者	葉子菁
協　　製	明愛專上學院社會科學院
責任編輯	郭坤輝
美術編輯	郭志民
出　　版	天地圖書有限公司
	香港皇后大道東109-115號
	智群商業中心15字樓（總寫字樓）
	電話：2528 3671　傳真：2865 2609
	香港灣仔莊士敦道30號地庫／1樓（門市部）
	電話：2865 0708　傳真：2861 1541
印　　刷	亨泰印刷有限公司
	柴灣利眾街27號德景工業大廈10字樓
	電話：2896 3687　傳真：2558 1902
發　　行	香港聯合書刊物流有限公司
	香港新界大埔汀麗路36號中華商務印刷大廈3字樓
	電話：2150 2100　傳真：2407 3062
出版日期	2018年6月／初版